城市能源互联网技术与发展

URBAN ENERGY INTERNET
TECHNOLOGY AND DEVELOPMENT

吴鸣　牛耕　朱越　郑楠　等　编著

中国电力出版社
CHINA ELECTRIC POWER PRESS

内 容 提 要

围绕"双碳"目标下的城市能源互联网,本书深入分析了城市能源互联网的特征与定位、关键技术、核心装备、典型案例、技术标准及未来发展趋势,探讨了城市能源互联网技术和装备的发展路径,对典型的城市能源互联网示范项目进行介绍,并对城市能源互联网未来发展提出相关建议。

本书可为政府能源开发与管理、相关领域研究人员和工程技术人员提供参考,也可以作为能源、电气工程相关专业的本科生、研究生参考书。

图书在版编目(CIP)数据

城市能源互联网技术与发展 / 吴鸣等编著 . -- 北京:
中国电力出版社,2025. 4. -- ISBN 978-7-5198-9829-8

Ⅰ . F426.2-39

中国国家版本馆 CIP 数据核字第 202542PK56 号

出版发行:中国电力出版社

地　　址:北京市东城区北京站西街 19 号(邮政编码 100005)

网　　址:http://www.cepp.sgcc.com.cn

责任编辑:赵　杨(010-63412287)

责任校对:黄　蓓　于　维

装帧设计:张俊霞

责任印制:石　雷

印　　刷:北京九天鸿程印刷有限责任公司

版　　次:2025 年 4 月第一版

印　　次:2025 年 4 月北京第一次印刷

开　　本:710 毫米 ×1000 毫米　16 开本

印　　张:14.5

字　　数:199 千字

定　　价:86.00 元

《城市能源互联网技术与发展》
编著人员

吴　鸣　牛　耕　朱　越　郑　楠　丁保迪　李慧娜

宋振浩　季　宇　吕志鹏　寇凌峰　孙丽敬　张楠春

韦　涛　左　娟　熊　雄　潘　蓉　李文鹤　胡转娣

前　言

PREFACE

　　能源是一座城市正常运转不可或缺的要素，城市是能源消费的主体，也是减碳的主战场。据统计，我国城市能源消费量占全国能源消费总量的85%以上。随着经济发展和城镇化的加速，城市能源需求不断增长，化石能源的大范围使用，给城市带来了严重的污染问题。我国城市能源消费需求逐年上升，电、气、热等各能源系统相互独立的供能模式和粗放的能源利用方式极大地制约了城市能源系统的健康可持续发展，面临着能源供应结构不合理、综合利用效率低、可再生能源消纳能力不足等问题。为了实现多种能源互补共济与高效利用，提高供能的可靠性和经济性，城市能源互联网技术应运而生。美国学者杰里米·里夫金提出了能源互联网的概念，如今，能源互联网已得到广泛关注。城市作为区域的用能中心，构建城市能源互联网对于推动城市、国家乃至整个社会的能源发展都具有积极的意义。

　　城市能源互联网是能源革命、信息革命、数字革命深度融合的时代产物，已成为推动能源转型、促进可再生能源利用、保障能源安全、提高能源利用效率、实现节能减排和可持续发展的重要途径，为人类社会在环境、经济和社会层面带来显著的积极影响。城市居住人口众多，能源消耗量大，是"双碳"目标和能源发展转型的最重要场景。城市能源互联网作为能源高效集成与优化配置的枢纽与重要平台，将有力推动城市能源发展战略、结构布局、能源利用和产销方式的重大转变。

　　本书深入分析了城市能源互联网的特征与定位、关键技术、核心装备、典型案例、技术标准及未来发展趋势，从研究城市能源互联网的背景意义出发，探讨了城市能源互联网关键技术和装备的发展路径，并对典型的城市能源互联网示范项目进行介绍，详细阐述了城市能源互联网对于优化能源结构、提高能源利用效率、促进清洁能源发展、降低碳排放具有的重要意义。基于此，作者团队提出了一系列支撑"双碳"目标的城市能源互联网技术演进与发展建议，涉及政策支持、技术创新、标准制定、市场机制构建等方面。本书旨在全面介绍和探讨城市能源互联网的发展现状、关键技术、核心装备、综合解决方案、技术标准等。通过系统化的结构和内容安排，帮助读者全面理解城市能源互联网的基本理念、内涵外延、关键技术和应用前景。

本书由吴鸣、郑楠负责撰写第 1、2、7 章，丁保迪负责撰写第 3 章，朱越负责撰写第 4 章，牛耕负责撰写第 5 章，李慧娜负责撰写第 6 章，张楠春、宋振浩、季宇、吕志鹏、寇凌峰、孙丽敬、韦涛、左娟、熊雄、潘蓉、李文鹤、胡转娣等参与了撰写工作，吴鸣负责全书的统稿。本书由国家重点研发计划项目"规模化灵活资源虚拟电厂聚合互动调控关键技术"（2021YFB2401200）、上海市优秀学术 / 技术带头人计划项目"新型柔性互联关键技术及装备"（22XD143040）和国网上海能源互联网研究院研究开发项目"支撑双碳战略的城市能源互联网技术演进与装备发展研究"（SH81-22-009）支持出版。本书在编写过程中得到了国家电网有限公司、中国电力科学研究院、清华大学能源互联网创新研究院、中国电力企业联合会能源互联网标委会，以及领域内多位知名专家的鼓励与指导，在此表示衷心的感谢！非常感谢刘建明、刘永东、孙华东、许海清、严胜、康重庆、高文胜、戴璟、郭鸿业、郭涛、盛万兴、苏剑、刘海涛、梁英、法炜、吕广宪、裴志伟、杨红磊、侯义明、刘军、崔立忠、韩筛根、于辉、张波、陆一鸣、王鹏、王德顺、刘永梅、王文博、胡丽娟、徐旖旎、张海、张颖、刘国宇、蔺圣杰、高波、刘鹏、周珊、杜建、刘锋、何连杰、刘文龙、张智慧、徐毅虎、方恒福、刘苑红、张东南、刘芸等对本书编写工作的大力支持！

本书基于作者团队国网上海能源互联网研究院、国家电网张江实验室多年来对城市能源发展及城市能源互联网建设问题的思考与探索，结合能源电力系统的发展实际，对城市能源互联网技术进行总结，力图将该领域的最新研究进展和研究成果呈现给读者。本书介绍的城市能源互联网核心技术与装备均由作者团队国网上海能源互联网研究院主导研发，并在示范工程中成功应用。希望本书能够对城市能源互联网的未来研究与发展有所帮助。限于作者水平，书中疏漏之处在所难免，不足之处，请广大读者批评指正。

作　者

2025 年 2 月

第 **1** 章

能源互联网概述

1.1　能源互联网的概念

能源互联网（Energy Internet）概念的雏形最早可以追溯到 2005 年，由瑞士联邦政府能源办公室和产业部门共同发起，以瑞士联邦理工学院承担的"未来能源网络愿景"（Vision of Future Energy Networks）研究项目为起点，该项目的研究重点是多能源传输系统的利用和分布式能源的转换和存储。随后，美国、德国、日本等国家相继开展了相关研究。

能源互联网（Energy Internet）一词最早于 2011 年由美国学者杰里米·里夫金在《第三次工业革命》一书中提出，主要理念是基于建立一个开放的能源网络，这个网络能够像互联网一样，使个人、家庭和企业能够生成自己的能源并与他人共享。他认为，这样的系统将促进清洁能源的使用，减少对化石燃料的依赖，有助于应对气候变化。

2016 年，国家发展改革委在《关于推进"互联网 +"智慧能源发展的指导意见》中给出了相关定义：能源互联网是一种互联网与能源生产、传输、存储、消费以及能源市场深度融合的能源产业发展新形态；清华大学能源互联网创新研究院在《国家能源互联网发展白皮书》中对能源互联网的定义进行了进一步完善：能源互联网是以电力系统为核心与纽带，构建多种类型能源互联网络，利用互联网思维与技术改造能源行业，实现横向多能互补、纵向"源—网—荷—储"协调，能源与信息高度融合的新型能源生态系统。能源互联网概念树如图 1-1 所示。

能源互联网可以理解为综合运用先进的电力电子技术、信息技术和智能管理等技术，将大量由分布式能量采集与转换装置、分布式能量储存装置和各种类型负载构成的新型电力网络、石油网络、天然气网络、氢网络、供热网络等能源节点互联起来，以实现能量双向流动的对等交换与共享网络。同时，能源互联网的提出在很大程度上加快了电网对新能源利用的步伐，也是

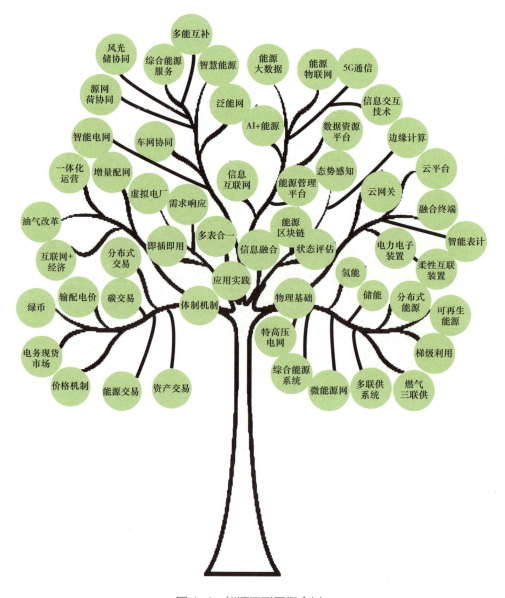

图 1-1　能源互联网概念树

电网发展的一种延伸，它的目标在于分布式能源的利用和发展、增强用户参与和体验，以及促进经济、社会发展。能源互联网涉及领域示意图如图 1-2 所示。

图 1-2　能源互联网涉及领域示意图

能源互联网的关键特征包括设备智能、多能协同、信息共享、供给分散、需求多元、系统扁平、交易开放等。通过能源互联网，可以提升能源供应的灵活性和可靠性，优化能源流动，减少能源浪费，降低环境影响，同时提高能源系统的整体效率和可持续性。

能源互联网是能源革命、信息革命、数字革命深度融合的时代产物，将为人类社会在环境、经济和社会层面带来显著的积极影响。

1.2　能源互联网的分类

能源互联网整合了电力、热能、燃气等多种能源形式，覆盖能量的生产、传输、分配与消费多个环节，基于先进的能源、信息、物联网、大数据等多类型技术或手段，是一个具有多样性、复杂性的综合系统。

参考计算机网络按照覆盖区域，可划分为局域网、城域网、广域网、互联网的模式，能源互联网按照其规模及覆盖范围等特点，一般可以分为微型能源互联网、城市能源互联网、农村能源互联网、区域或国家级能源互联网、全球能源互联网。

（1）微型能源互联网。通常指较小规模的、局部的能源生成和消费系统，如一个建筑内或一个社区的能源系统，一般也包括家庭能源互联网、建筑能源互联网、社区能源互联网、企业能源互联网、园区能源互联网等。图1-3为微型能源互联网结构示意图。

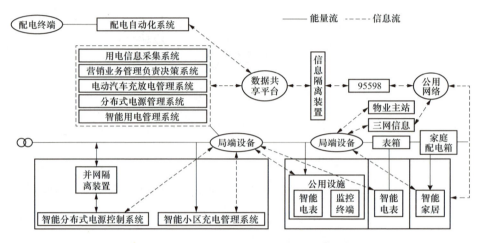

图 1-3　微型能源互联网结构示意图

（2）城市能源互联网。城市能源互联网的建设需要综合考虑城市的电力、热力、燃气等多种能源形式，通过智能电网、热网和燃气网络等的深度融合，推动城市内电、热、气、氢、交通等能源互补互济，提升多能源系统协同性，增强城市公共安全和防灾减灾保障能力，实现城市能源的高效融合、优化配置与智能管理，城市能源互联网是能源互联网最典型的场景，也是本书的论述重点。图1-4为城市能源互联网结构示意图。

（3）农村能源互联网。一般指涵盖农村区域，整合农村地区的分散式资源，支持农业农村区域的可持续能源发展，具有农业农村特点的能源网络，是推动农村地区能源转型、实现能源自给自足和促进农村绿色发展的重要工具和平台。

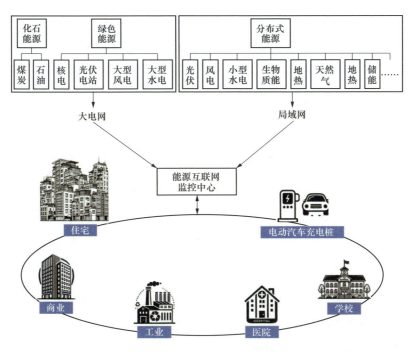

图 1-4　城市能源互联网结构示意图

（4）区域或国家级能源互联网。覆盖较大地理区域，集成更大规模的可再生能源，整合煤、电、热、气、氢、交通等各类能源，实现能源系统跨区域、跨行业、跨环节协同，促进化石能源与新能源深度融合，提升大规模新能源消纳与能源保供能力，支持跨区域的能源配送与优化，可能包括多个城市或整个国家的能源网络，通常需要强有力的政策与法规的支持，是一个较为整体的宏观概念。

（5）全球能源互联网。全球能源互联网❶是指全球范围内的能源网络互联和优化。我国倡议探讨构建全球能源互联网，推动以清洁和绿色方式满足全球电力需求。全球能源互联网是清洁能源大规模开发、广域配置、高效利用、灵活转化、可靠供应的重要平台，强调以特高压电网为骨干网架，以输送清洁能源为主导。

---

❶　1970 年，美国理查德·巴克敏斯特·富勒提出了与可再生资源相关联的全球电力网络（World Electrical Energy grid）的构想。

1.3 能源互联网的发展

▶ 1.3.1 国外能源互联网的研究进展

国外开展能源互联网研究相对较早。美国学者侧重研究能源互联网的架构设计，2008 年在美国国家科学基金的（National Science Foundation，NSF）的支持下，启动了 FREEDM（Future Renewable Electric Energy Delivery and Management）项目，在传统的电力系统中融合了电力电子、信息管理等技术，以分布式互联理念为基础，构建出一个智能灵活、高效清洁的能源利用网络，该项目的科研人员设计了一种即插即用的接口及能量路由器，可实现分布式设备的即插即用功能并进行统一调度与管理。

德国学者侧重于研究能源互联网中的信息通信网络，2008 年德国联邦经济技术部与环境部启动了 E-energy 项目，采用新型信息通信技术（information and communication technology，ICT），提供了优化能量传输与消耗环节的通信通道；采用智能电能表及智能预测系统，实现能源生产、传输、分配、消费各环节相互贯通与智能监控；建设了包含库克斯港在内的六大能源互联网示范项目，逐步扩大能源互联网建设规模，从单城市优化管理到多城市互联互通，致力于打造一个能够自我调节的广域智能化电力系统。

日本学者侧重于研究互联网技术与能源网络的深度融合，2011 年日本成立"数字电网联盟"，以数字电网路由器（digital grid router，DGR）为核心技术，将集中式大电网分解成互相连接的独立数字电网，由 DGR 统一分配 IP 地址，分散控制子系统，打破子电网必须服从大电网功率束缚的限制，同时维持了大电网本身的平稳性。

瑞士学者侧重电、热、化学能的联合输送与优化使用，瑞士联邦理工学院的研究人员设计了一种称为能量枢纽（Energy Hub）的能量监控中心以及能源互联器（Energy Interconnector），能量枢纽本质上是一个广义的多端口网络节点，提供了分布式电源、储能装置与负荷的能量交换接口，能源互联器能够实现多种能源的组合传输，二者结合实现了电能、热能、冷能等多种能量的能量补偿、缓冲、变换、控制和储存。

目前，国外对能源互联网的认知主要有以下四种：

（1）能源互联网（Energy Internet）。以互联网开放、对等的理念和架构，形成以大电网、局域网及相关联结网络为特征的新型能源网，以美国"未来可再生电能输配与管理"（FREEDM）项目为代表。

（2）信息能源网络（Internet of Energy）。借助互联网进行信息收集、分析和决策，指导能源网络的运行调度，以德国的"基于信息通信技术的未来能源系统"（E-energy）项目为代表。

（3）智能能源网络（Intenergy）。将互联网技术与能源网络深度融合，采用区域自治和骨干管控相结合的方式，实现能源和信息的双向通信，以日本"数字电网"（Digital Grid）项目为代表。

（4）多能源互联网（Multi Energy Internet）。强调电、热、化学能的联合输送和优化使用，以瑞士"未来能源网络愿景"（Vision of Future Energy Networks）项目为代表。

表 1-1 为国外能源互联网认知与项目成果。

表 1-1　国外能源互联网认知与项目成果

认知	侧重点	国家	项目	成果
能源互联网	融合信息通信系统的分布式能源网络体系结构	美国	未来可再生电能输配与管理	即插即用接口能量路由器
信息能源网络	通过信息化打造能源互联网	德国	基于信息通信技术的未来能源系统	基于 ICT 的智能电表、智能预测系统、技术标准化等

认知	侧重点	国家	项目	成果
智能能源网络	互联网与能源网络的深度融合	日本	数字电网	数字电网路由器
多能源互联网	多种能源的联合输送与优化使用	瑞士	未来能源网络愿景	能量枢纽 能源互联器

2017 年，在国际电气与电子工程师协会（Institute of Electrical and Electronics Engineers，IEEE）的推动下，首届 IEEE 能源互联网与能源系统集成会议正式召开，吸引了全球 26 个国家和地区的专家学者齐聚一堂。为进一步在能源互联网这一新兴技术领域搭建国际交流和合作平台，2020 年 IEEE 电力与能源协会正式成立能源互联网协调委员会，旨在加强能源互联网多学科交叉和跨行业学术交流，促进能源互联网学术研究、人才培养和成果转化。

▶ 1.3.2　国内能源互联网的研究进展

我国能源互联网的研究起步相对较晚，但发展迅速。2010 年开始，国内对能源互联网展开了初步研究。2012 年 8 月，国防科技大学在湖南长沙主办了首届中国能源互联网发展战略论坛并邀请能源互联网概念的提出者杰里米·里夫金演讲，首次向中国学术界阐述了第三次工业革命和能源互联网的思想。2013 年，北京市科技委员会围绕"能源互联网"和"第三次工业革命"主题组织了一系列专家研讨会，编制了详细的能源互联网研究报告和科学发展路线图，为未来能源互联网的发展提供导向。2014 年，中央财经领导小组会议上习近平总书记明确提出能源革命的战略思想；2015 年 9 月，国家主席习近平在纽约联合国总部倡议探讨构建全球能源互联网，推动以清洁和绿色方式满足全球电力需求。

作为我国能源互联网技术领域发展的标志性事件，能源互联网香山科学会议于 2015 年正式召开，汇聚了一批业界的权威专家学者。2015 年，清华大学成立能源互联网创新研究院，开展能源互联网核心技术研究，旨在推动我国能源互联网科技与产业发展。同年，国务院在推进"互联网 +"行动指导意见中提出建设以太阳能、风能等可再生能源为主的多能源协调互补的能源互联网。2015 年后，国家电网公司、中国电力科学研究院、华北电力大学、浙江大学等率先从架构组成、关键技术、风险评估等方面开展能源互联网的研究工作。2018 年 9 月，国网上海能源互联网研究院正式成立，其主要任务是推动城市能源互联网关键技术研发与产业创新发展。

我国学者在能源互联网领域展开了深入的研究，表 1-2 为国内城市能源互联网代表性认知与主要成果。文献［24］重点探讨了能源互联网的基本概念及架构组成，认为能源互联网的架构可以分为两层，一是"能源系统的类互联网化"，即对现有能源系统进行互联网化改造，使其具备互联网的优点，二是"互联网 +"，即信息互联网在能源系统中的应用，体现为能源物联、能源管理和能源市场三个方面。清华大学能源互联网创新研究院提出能源互联网标准体系架构，并给出其内涵与使用方法，为能源互联网的发展做出了有益探索。文献［25］、［26］对能源互联网涉及的关键技术进行了较为详细的论述，主要包括电力电子、智能控制、智能传感、信息通信技术等。文献［27］对能源互联网的支撑技术——信息通信技术进行了初步探索，对能源互联网信息通信技术的需求和特点、总体架构及涉及的 20 余项具体技术进行了详细阐述。文献［28］对能源互联网现有及可能存在的商业模式进行了归纳分析，并提出了能量耦合、价格耦合、衍生交易"三位一体"的能源互联网交易体系。文献［29］、［30］分别从物理层面及市场层面对能源互联网的风险评估进行了深入探讨，物理层面侧重于新元件可靠性建模、多能源系统健壮性分析及系统耦合风险评估；信息及市场层面则关注多能源系统与信息通信系统的联合风险评估、市场环境下的风险评估，以及信息与市场耦合的共性科学问题，为能源互联网的安全、可靠运行奠定理论基础。文献［31］对能源互联网中电、热、气等不同形式能源在生产、传输、消费等多个环节进行协同优化方面进行了初步探索，旨在建立优势互补的多能源系统，提高能源利用率。上述能源互联网的初步探索为后续研究及示范工程的建设奠定了基础。

2016 年后，我国大力推进能源互联网试点示范工作，在关键技术研究、核心装备研制、技术标准体系制定，以及产业生态探索等方面取得了显著进展，表 1-3 为 2016—2024 年国家层面能源互联网行业主要政策。2017 年 7 月，为落实《关于推进"互联网 +"智慧能源发展的指导意见》的相关要求，国家能源局确定了首批 55 个能源互联网示范项目，这些项目现已全部通过验收，为能源互联网的发展积累了宝贵经验。2018 年，中国电力企业联合会能源互联网标准化技术委员会正式成立，对于推动我国能源互联网标准化进程、促进技术创新与应用、加强行业自律与协调、提升国际竞争力，以及推动能源转型与绿色发展等方面都具有重要意义。

表 1-2　国内城市能源互联网代表性认知与主要成果

单位	主要认知	成果
中国电力科学研究院	智能化和数字化是能源互联网技术核心，尤其在大规模可再生能源接入、智能电网调度和电力系统安全性保障方面。未来能源系统将更依赖于大数据、人工智能与自动化技术的深度融合，推动绿色低碳发展	多场景能源互联网示范工程
清华大学	能源互联网应与智慧城市建设密切结合，基于电力系统的现代化和信息技术的深度融合，核心在于分布式能源系统的高效运行与资源共享	"互联网 +"智慧能源综合服务平台
中国科学院电工研究所	能量路由器是实现能源互联的关键装备，集成多种新型清洁能源，提供多电压等级与多电流形式的标准化接口，实现能量形式与流动方向的无缝切换	高功率密度的模块化能量路由器
华北电力大学	能源互联网是能源管理的革新，更是信息与物理资源的共同调度与协作，其运行需要精确的优化调度，在多种能源形态并行的情况下，通过优化算法提升能源系统的效率与稳定性	综合能源系统仿真平台；能源互联网优化调度系统

表 1–3　2016—2024 年国家层面能源互联网行业主要政策

时间	文件	发布单位	重点内容
2016 年 2 月	《关于推进"互联网 +"智慧能源发展的指导意见》	国家发展改革委、国家能源局、工业和信息化部	包括推动建设智能化能源生产消费基础设施、加强多能协同综合能源网络建设、营造开放共享的能源互联网生态体系等十大重点任务
2016 年 8 月	《关于组织实施"互联网 +"智慧能源（能源互联网）示范项目的通知》	国家能源局	建设园区、城市、跨地区多能协同三类能源互联网试点示范；建设基于电动汽车、灵活性资源、智能用电、绿色能源灵活交易、行业融合五类典型创新模式试点示范
2017 年 1 月	《关于公布首批多能互补集成优化示范工程的通知》	国家能源局	首批共 23 个项目，其中终端一体化集成供能系统 17 个、风光水火储多能互补系统 6 个
2017 年 6 月	《关于公布首批"互联网 +"智慧能源（能源互联网）示范项目的通知》	国家能源局	首批"互联网 +"智慧能源（能源互联网）示范项目共 55 个，其中能源互联网综合试点示范项目 29 个，典型创新模式试点示范项目 26 个
2018 年 12 月	《关于开展"互联网 +"智慧能源（能源互联网）示范项目验收工作的通知》	国家能源局	按照"验收一批、推动一批、撤销一批"的思路，对首批"互联网 +"智慧能源（能源互联网）共 55 个示范项目开展项目验收工作
2019 年 1 月	《关于积极推进风电、光伏发电无补贴平价上网有关工作的通知》	国家发展改革委、国家能源局	促进风电、光伏发电通过电力市场化交易无补贴发展。鼓励在国家组织实施的社会资本投资能源互联网等示范项目中建设无须国家补贴的风电、光伏发电项目，并以试点方式开展就近直接交易
2019 年 5 月	《关于加强能源互联网标准化工作的指导意见》	国家标准化委员会、国家能源局	制定 50 项以上能源互联网标准，涵盖主动配电网、微能源网、储能、电动汽车等互动技术标准，全面支撑能源互联网项目建设和技术推广应用

时间	文件	发布单位	重点内容
2020年9月	《关于加快能源领域新型标准体系建设的指导意见》	国家能源局	在智慧能源、能源互联网等新兴领域，率先推进新型标准体系建设，发挥示范带头作用
2021年3月	《中国"十四五"规划和2035远景目标纲要》	全国人大	构建现代能源体系：加快电网基础设施智能化改造和智能微电网建设，提高电力系统互补互济和智能调节能力，加强源网荷储衔接，提升清洁能源消纳和存储能力，加快新型储能技术规模化应用
2021年4月	《国家电网公司能源互联网规划》	国家电网有限公司	到2025年基本建成，2035年全面建成具有中国特色国际领先的能源互联网，电能占终端消费比重30%，跨省输入达3亿kW
2022年1月	《"十四五"现代能源体系规划》	国家发展改革委、国家能源局	加快能源产业数字化智能化升级，建设区域（省）级、市（县）级、园区（居民区）级源网荷储一体化示范，多能互补建设风光储、风光水（储）、风光火（储）一体化示范，智慧城市、智慧园区、美丽乡村等智慧用能示范
2022年6月	《"十四五"可再生能源发展规划》	国家发展改革委、国家能源局等9个部门	结合数字乡村建设工程，推动城乡可再生能源数字化、智能化水平同步发展，提升乡村智慧用能水平。推动可再生能源与人工智能、物联网、区块链等新兴技术深度融合，发展智能化、联网化、共享化的可再生能源生产和消费新模式
2022年8月	《关于政协第十三届全国委员会第五次会议第01446号提案的答复复文摘要》	国家能源局	推动试点示范，打造数字电网建设成功样板。研究建设新型电力系统示范区，聚焦新能源高比例接入、配电网智能化升级、终端用能电气化等领域，打造43项能源互联网专项试点

续表

时间	文件	发布单位	重点内容
2023 年 3 月	《关于加快推进能源数字化智能化发展的若干意见》	国家能源局	重点推进在智能电厂、新能源及储能并网、智能微网等场景应用，组织试点工程承担系统性数字化智能化试点任务；加强试点示范项目评估管理；加大示范项目的组织保障力度
2024 年 5 月	《关于深化智慧城市发展　推进城市全域数字化转型的指导意见》	国家发展改革委、国家数据局、财政部、自然资源部	推动综合能源服务与智慧社区、智慧园区、智慧楼宇等用能场景深度耦合，利用数字技术提升综合能源服务绿色低碳效益
2024 年 8 月	《中新天津生态城建设国家绿色发展示范区实施方案（2024—2035 年）》	国家发展改革委	支持创新型企业布局综合能源管理业务，鼓励现有能源服务企业提高能源服务水平，提供绿色能源综合解决方案，升级区域能源管理技术，支持企业向综合能源服务商转型。积极推广绿点应用，探索开展工业绿色低碳微电网建设，构建源网荷储高度融合的新型电力系统
2024 年 10 月	《工业互联网与电力行业融合应用参考指南（2024 年）》	工业和信息化部办公厅	近年电力行业不断推进工业互联网建设实践，"电力 5G 专网""5G+ 新能源"等示范标杆不断涌现。工业互联网与绿色可再生能源及新型储能等方向的融合应用，将推动工业领域节能降碳措施的优化升级，加快能源消费低碳化转型

　　自 2020 年以来，尤其是"双碳"目标正式提出后，我国进一步加快推动能源互联网的多元化与规模化发展，力争在 2025 年之前形成较为完备、具备弹性迭代能力的技术及标准体系，建立完善的能源互联网市场机制和体系，营造高度开放的市场环境，并构建一个与未来智慧城市的工业、交通、环境、公共服务等领域深度融合的能源互联网生态系统，以完备的标准体系和产业生态，持续推动能源互联网产业的合作与发展。

截至 2024 年底，我国共发布了 2429 项与能源互联网相关的政策法规，其中仅 2024 年新增了 438 项，涵盖了国际条约、宏观战略、法律法规、标准导则等多个层次，成为推动能源互联网发展的重要抓手。

2023 年，我国新增 57 项能源互联网标准，进一步强化了行业的标准化工作。同时，能源互联网相关企业数量从 2022 年的 216626 家增加至 324584 家，研究机构数量增至 21432 家。近十年来，业界对于能源互联网知识产权的重视程度逐年上升，能源互联网专利申请数由 2014 年的 14 项增长至 2024 年的 2019 项。这些数据表明，我国的能源互联网正处于持续高速发展阶段。2024 年，随着《能源互联网总则》《能源互联网架构与要求》等系列标准陆续发布，我国发布的能源互联网的国家标准达 13 项。

新形势下，能源互联网的发展将主要表现为：更加注重能源安全保供，更加注重绿色低碳转型，更加注重科技创新变革，更加注重机制模式建设。未来，我国能源互联网的业务模式和市场机制将在持续的探索和总结中逐步清晰，以分布式能源、新型储能、多能源集成、电力大数据、人工智能、电力市场与交易平台技术等为代表的能源互联网技术蓬勃发展，夯实了我国能源互联网产业发展的基础，也将衍生更多的商业模式并促进落地应用。

参考文献　🔍

［1］ 杰里米·里夫金.第三次工业革命［M］.北京：中信出版社集团，2012.

［2］ 国家发展改革委.关于推进"互联网＋"智慧能源发展的指导意见［EB/
OL］.（2016–02–29）［2024–07–01］.https://www.nea.gov.cn/2016–02/29/
c_135141026.htm.

［3］ 清华大学能源互联网研究院，国家能源互联网产业及技术创新联盟.国
家能源互联网发展白皮书2018［R/OL］.（2019–03–29）［2024–12–17］.
https://www.eea.tsinghua.edu.cn/info/1038/3559.htm.

［4］ 孙秋野，滕菲，张化光.能源互联网及其关键控制问题［J］.自动化学
报，2017，43（02）：176–194.

［5］ 邓建玲.能源互联网的概念及发展模式［J］.电力自动化设备，2016，
36（03）：1–5.

［6］ 唐虎，陈爱伦，崔浩，等.城市能源互联网研究综述［J］.水电与抽水
蓄能，2020，6（01）：13–16.

［7］ 马钊，周孝信，尚宇炜，等.能源互联网概念、关键技术及发展模式探
索［J］.电网技术，2015，39（11）：3014–3022.

［8］ HUANG A Q，CROW M L，HEYDT G T，et al. The future renewable
electric energy delivery and management（FREEDM）system：the energy
internet［J］.Proceedings of the IEEE，2011，99（1）：133–148.

［9］ 张国荣，陈夏冉.能源互联网未来发展综述［J］.电力自动化设备，
2017，37（01）：1–7.

［10］Appelrath H J，Terzidis O，Weinhardt C. Internet of energy：ICT as a key
technology for the energy system of the future［J］.Business & Information
Systems Engineering，2012，4（1）：1–2.

［11］邓雪梅.日本数字电网计划［J］.世界科学，2013（07）：19+9.

［12］刘晓明，牛新生，王佰淮，等.能源互联网综述研究［J］.中国电力，2016，49（03）：24–33.

［13］丁涛，牟晨璐，别朝红，等.能源互联网及其优化运行研究现状综述［J］.中国电机工程学报，2018，38（15）：4318–4328+4632.

［14］王继业，孟坤，曹军威，等.能源互联网信息技术研究综述［J］.计算机研究与发展，2015，52（05）：1109–1126.

［15］于慎航，孙莹，牛晓娜，等.基于分布式可再生能源发电的能源互联网系统［J］.电力自动化设备，2010，30（05）：104–108.

［16］查亚兵，张涛，谭树人，等.关于能源互联网的认识与思考［J］.国防科技，2012，33（05）：1–6.

［17］慈松.抓住能源互联网发展机遇加快中国经济和产业发展的战略转型［N］.科技日报，2012–10–08（2）.

［18］王瑞.能源互联网信息—能量耦合特性研究［D］.重庆：重庆理工大学，2018.

［19］新华社.习近平：积极推动我国能源生产和消费革命［EB/OL］.（2014–06–13）［2024–12–17］.https://www.rmzxb.com.cn/sy/jrtt/2014/06/13/339353.shtml.

［20］新华网.习近平在联合国发展峰会上的讲话（全文）［EB/OL］.（2015–09–26）［2024–12–17］.https://www.chinacourt.org/article/detail/2015/09/id/1718515.shtml.

［21］清华新闻网.清华大学成立能源互联网创新研究院　推动我国能源互联网科技与产业发展［EB/OL］.（2015–04–24）［2024–07–03］.https://www.tsinghua.edu.cn/info/1173/18250.htm.

［22］中央政府网.国务院关于积极推进"互联网+"行动指导意见［EB/OL］.（2015–07–04）［2024–07–03］.https://www.cac.gov.cn/2015–07/04/

c_1115815010.htm.

［23］孙宏斌，郭庆来，潘昭光.能源互联网：理念、架构与前沿展望［J］.电力系统自动化，2015，39（19）：1–8.

［24］董朝阳，赵俊华，文福拴，等.从智能电网到能源互联网：基本概念与研究框架［J］.电力系统自动化，2014，38（15）：1–11.

［25］马君华，张东霞，刘永东，等.能源互联网标准体系研究［J］.电网技术，2015，39（11）：3035–3039.

［26］曾鸣，杨雍琦，刘敦楠，等.能源互联网"源—网—荷—储"协调优化运营模式及关键技术［J］.电网技术，2016，40（01）：114–124.

［27］王继业，郭经红，曹军威，等.能源互联网信息通信关键技术综述［J］.智能电网，2015，3（06）：473–485.

［28］陈启鑫，刘敦楠，林今，等.能源互联网的商业模式与市场机制（一）［J］.电网技术，2015，39（11）：3050–3056.

［29］丁一，江艺宝，宋永华，等.能源互联网风险评估研究综述（一）：物理层面［J］.中国电机工程学报，2016，36（14）：3806–3817.

［30］江艺宝，宋永华，丁一，等.能源互联网风险评估研究综述（二）——信息及市场层面［J］.中国电机工程学报，2016，36（15）：4023–4034.

［31］王毅，张宁，康重庆.能源互联网中能量枢纽的优化规划与运行研究综述及展望［J］.中国电机工程学报，2015，35（22）：5669–5681.

［32］清华大学能源互联网研究院，国家能源互联网产业及技术创新联盟.国家能源互联网发展年度报告 2020［R/OL］.（2020–09–15）［2024–12–17］.https://www.eea.tsinghua.edu.cn/info/1038/3283.htm.

［33］国家能源局.国家能源局关于公布首批"互联网+"智慧能源（能源互联网）示范项目的通知［EB/OL］.（2017–07–06）［2024–07–03］.http://www.china–nengyuan.com/exhibition/exhibition_news_110985.html.

［34］清华大学能源互联网研究院，国家能源互联网产业及技术创新联盟.国

家能源互联网发展年度报告 2024〔R/OL〕.（2024-06-27）〔2024-12-17〕.https://cpnn.com.cn/news/baogao2023/202406/t20240627_1714673.html.

〔35〕国网能源研究院有限公司.能源互联网发展分析报告 2023〔M〕.北京：中国电力出版社，2023.

第 **2** 章

城市能源互联网的
特征与定位

2.1　城市能源互联网的特征与形态

　　城市能源互联网基于不同城市自身能源结构特点，以电为中心，以信息物理一体化融合为基础，通过环节维度的源网荷储协调、系统维度的多能互补、空间维度的局部与跨区域优化配置，构建广泛互联、开放共享、低碳环保的城市综合能源系统，实现能源的高效供给与供需动态平衡，提升城市能源综合利用效率，满足城市多维用能需求，促进城市能源结构转型，创造多元价值，是城市能源系统发展的高级形态。

　　与传统的单一供能网络相比，城市能源互联网中冷、热、电、气等供能网络耦合程度明显增强。一方面，各能量网络通过形式多样的物理设备元件形成联系，不同品位的能量通过生产、传输、转换、消费过程相互影响，呈现出复杂、多时空尺度的动态耦合过程；另一方面，多能源网络的运行调度、控制保护和应急恢复等调控逻辑存在依赖和耦合关系，需要协调运行和多能互补。能源互联网的基本形态如图 2-1 所示。

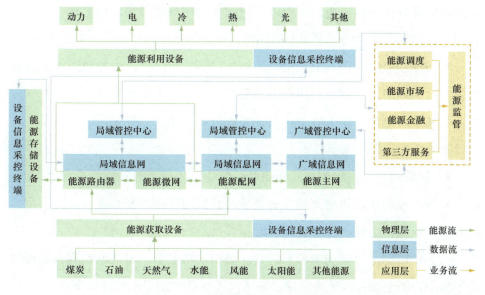

图 2-1　能源互联网的基本形态

▶ 2.1.1 城市能源互联网的特征

（1）城市能源互联网的技术特征。城市能源互联网通过能源供给侧与需求侧的统一优化整合，以能源物理架构为基础，融合信息通信、电力电子等技术，实现城市范围内能源转换、传输与分配，满足城市多元化的用能需求，实现能源优化配置和高效清洁利用，城市能源互联网的技术体系贯穿源网荷储的各环节，包含众多技术要素。城市能源互联网的技术特征如下：

1）电为中心。将电力系统作为能源配置的基础平台，促进多种能源（煤、油、气、风、光、氢等）与电能的有机融合，将提高城市电气化水平作为优化能源结构、提高能源效率的根本举措。

2）广泛互联。通过创新能源转化技术，实现电网、气网、热力网和交通网等多种能源体系间的互联互通，构建支撑多种供能网络广泛耦合互联的综合能源供应体系。

3）低碳环保。在能源开发上，风能、太阳能等清洁能源大规模应用，以清洁能源替代化石能源，实现以清洁能源为主导的城市供能结构。在能源利用上，提高电能在终端能源中的比重，更好地推动城市消费低碳化发展。

4）开放共享。开放新能源发电的接入标准和路径，为各类需求供应商提供实时的网络运行信息和用户需求信息。为用电客户提供及时、透明的电网运行和实时电价等供电服务信息；实现分布式电源、储能及电动汽车充放电设施的即插即用、灵活接入。

5）优质运行。供给侧与用能侧结合紧密，系统运行运营效率显著提升，服务质量将成为能源供应商的核心竞争力，同时不断创新商业模式，实现企业和用户双赢，达到市场效益最大化。

（2）城市能源互联网的形态特征。城市能源互联网是互联网和新能源等技术相融合的全新能源生态系统，城市能源互联网的形态特征如下：

1）多能耦合、多网融合。风、光、冷、热、气、电、储等多种能源相互耦合；微电网、电气化交通网、天然气网、城市热网、信息网等深度融合。目前城市地区内的可再生能源仍以光伏为主。

2）设备多样、交互频繁。考虑到城市工、商及居民负荷的差异化特性，能量需求场景比较复杂多样。能量流与信息流频繁交互，虽然单一场景中涉及的能量与信息量规模较小，但由于城市内同一时刻存在大量类似场景，因而产生海量的信息。

3）互联通信、便捷互动。互联网通信技术和信息处理技术则用于处理海量信息，同时实现供能侧和用能侧的便捷互动，有助于根据实际情况辅助用户调整最优用能行为。

▶ 2.1.2　城市能源互联网的功能

城市能源互联网可实现能源系统的广泛融合和城市用能的高效安全供应；以坚强智能电网为基础，充分融合数字信息技术，通过能源系统各环节的万物互联、人机交互，打造状态全面感知、信息高效处理、应用便捷灵活的全业务能源信息网；以客户为中心，可形成服务导向、创新驱动、协同发展的城市能源互联网发展模式。总体来讲，城市能源互联网具有能源集成优化、信息智能交互、价值共建共享三大功能。

（1）能源集成优化功能。通过能源基础设施互联，实现可再生能源、煤、油、气、电、热、冷等多能源的相互转化、协同互补。城市能源互联网作为覆盖城市区域的能源互联系统，包含了多个园区、社区以及工厂等微型能源互联网，为城市能源和信息的流通提供了载体；通过各级、各类能源供给网络的互联互通、供给设施的共享和消费过程中的综合利用，实现信息驱动下的城市范围内能源资源优化配置。构建城市能源互联网，可促进各类能源间互补互济、合理转化，优化城市能源结构、提高能源利用效率，提高清洁能源在供给侧和消费侧的比重，最终实现城市能源消费的基本无碳化。

（2）信息智能交互功能。城市能源互联网的信息交互功能具有交互主体范围更广泛、设备运行感知更准确、数据信息采集更实时、识别预测运算更智能的特点。运用新一代信息通信技术，连接电力用户、电网企业、发电企业、电工装备企业及其设备，通过信息广泛交互和充分共享提高能源生产、消费和相关领域安全、质量和效益水平。城市能源互联网利用数字孪生、虚拟现实、机器人、人工智能、边缘智能、大数据、云计算等技术实现数字世界与现实世界互动，提升系统运行智慧化水平。信息智能交互功能是利用城市的信息基础设施，实现不同位置、不同设备、不同信息的实时广域感知和互联，提高系统感知、控制和响应能力。城市能源互联网建设过程中，实现能源信息与城市交通、建筑、工业等数据互联共享，为现代化的城市管理、高质量的生产生活提供智慧支撑。伴随着能源基础设施的信息化水平提升，加速了能源企业和社会各行业的数字化转型。

（3）价值共建共享功能。城市能源互联网通过人才、技术、服务、政策等跨界融合，激发新的商业模式促进培育能源领域的新产业、新业态、新模式。以企业为主体突破核心技术，降低能源技术装备、关键部件及材料、能源服务的成本，提升产业竞争力。促进发电企业、设备供应商、售电公司等上、下游企业发展，促进通信、互联网法律、金融、资本等各个方面的相互融合，促进相关制造业、生产型服务业的创新发展。

城市能源互联网以能量流、价值流、信息流三流融合为基础构建理论与技术体系，需要重点解决多元化能源资源的互联耦合和协同优化问题，建立城市能源互联网的规划、运行、交易与评价理论体系，并在此基础上构建能源互联网的优化调控、能源互联交易、用户自主消费及综合能源管理平台。

▶ 2.1.3　城市能源互联网的形态

城市能源互联网基于城市坚强智能电网，通过横向多能互补、纵向源网荷储协调互动，实现多种能源梯次利用，提高能源综合利用效率；通过先进信息通信技术在能源领域的融合应用，提高信息实时采集感知、处理应用的能力，实现城市电网智能化、智慧化升级；通过传统价值升级和新兴价值创造，为用户提供多元服务、创造多种价值，并积极发挥产业带动作用，构建城市能源产业生态。因此城市能源互联网具有网架层面汇聚互动、配置优化，信息层面深度感知、精准控制，价值层面服务创新、开放共享的三层立体式形态。

（1）网架层面。①城市能源互联网打破电、热、冷、气等不同能源系统间的壁垒，通过多能源品种跨系统耦合互补，提高能源利用效率，提升能源系统可靠性；②城市能源互联网打破源网荷储不同环节间的壁垒，统筹安排各环节运行策略，同时发挥新型储能在城市电网中削峰填谷、紧急备用等方面的作用，实现供需双向互动；③城市能源互联网打破城市内部区域及不同城市区域间平衡的壁垒，通过柔性互联等形式扩大城市间联网范围，形成风电、光伏发电及负荷需求的跨区互补模式，促进资源大范围优化配置。

（2）信息层面。①城市能源互联网充分利用先进的信息通信技术、互联网技术、电力电子控制技术，为实时动态收集、处理、监测海量信息提供技术支持，大幅提高城市电网的可控性和可观性，并提供智能信息处理和决策支持能力。②通过信息系统与能源系统的深度融合，形成具有广域感知、在线辨识、实时仿真、滚动闭环的物理信息融合层，与城市智慧数据中心贯通，实现城市能源互联网的快速响应与精准控制，通过能源数据服务城市治理，打造智能化、智慧化的城市能源系统。

（3）价值层面。①为用户提供更加多元化、定制化的综合能源服务，满足城市居民消费升级的需求，通过丰富便捷、一体化的能源服务，实现城市居民从"用好电"到"用好能"的转变；②通过商业模式创新拓展新兴价值，发挥城市能源互联网资源配置价值和行业全方位带动作用，推动能源行业高质量发展，为经济社会发展创造更大价值；③城市能源市场机制逐渐完善，通过建立多方平台参与、开放互联、自由竞争的城市能源市场交易体系，进一步还原能源的商品属性，提高不同层次用能主体的能源市场参与度，实现自由灵活的能源交易，构建广泛参与、灵活互动的能源市场。

2.2　我国城市能源互联网的发展定位

基于"双碳"目标，我国城市能源互联网可以分为两个发展阶段，在不同发展阶段城市能源互联网，有着各自不同的发展定位：2030 年之前，阶段目标是助力实现碳达峰；2030 年到 2060 年，阶段目标是助力实现碳中和。本节分别对我国城市能源互联网这两个发展阶段的定位进行分析。

▶ 2.2.1　碳达峰阶段

预计到 2030 年，我国国内 CO_2 排放将比 2005 年下降 65% 以上，非化石能源占一次能源消费比重将达到 25% 左右，电能占终端能源消费比重将达到 35% 以上。风电、太阳能发电总装机容量将达到 12 亿 kW 以上。这一时期我国城市能源互联网的定位是初步形成以电能为核心，逐渐融合热、冷、气等其他各种的平台。具体来说，是以智能电网为基础，以"互联网 +"为手段，以电能为核心载体的绿色低碳、安全高效的现代能源生态系统。城市能源互联网，逐步建立城市电网、天然气网、供热 / 冷网、氢能源网等具有大规模储能效应的能源网的有机融合，借助能源综合利用实现能量的协调互补的方法，缓解电网可调节资源有限和实体储能系统成本偏高的制约，强化可再生能源消纳能力，实现资源利用最大化，调节资源分布不均衡，促使能源转换由传统的单一模式向多元化方向发展，促进用能结构清洁化转型。

这一时期城市能源互联网的主要定位如下：

（1）能源生产。城市能源互联网需要消纳大量新增的分布式能源的接入，到 2030 年以前，我国分布式能源占比将逐年增加，年均增加近 1 个百分点。预计 2030 年分布式电源装机容量可达 5.05 亿 kW，占同期全国总装机的 17.3%。分布式能源的典型特征是直接和能源消费侧相连，最有效的利用方式是就地生产、就地存储、就地消纳。国家发展改革委、能源局联合发布的《能源生产与消费革命战略（2016—2030）》明确指出新能源发展坚持分布式与集中式并举，以分布式利用为主。分布式电源的发展是未来实现能源转型、能源清洁替代的重要基础。

（2）能源传输。城市能源互联网需要将原本相互独立的电能、热能、天然气、氢能等能源传输网络逐步融合在一起，形成一个统一的能源传输平台。多种能源的调控运行从原来的分别考虑到逐步协调统一，并逐步实现终端电能替代，降低用户一次能源使用占比。为了将各类能源网络协调统一运行，需要建立多能流运行模型，形成基于复杂混合网络的建模方法，构建新型设备的城市能源互联网静态、动态模型集合，开发适用的能源耦合城市能源互联网的运行仿真工具。

（3）能源配置。城市能源互联网需要能够逐步将电、冷、热、气等多种能源横向转化，提高能源利用率，由于未来能量交易市场化，能量的商品属性也会逐渐显现，资源重新配置将更好地改善传统的市场环境，促进能量交易市场的发展。能源配置的核心是对能量的供给与应用进行匹配，保证最大限度的可再生能源和低成本能源的应用，避免各能源独立供给所导致的资源浪费。能源配置根据需求又分为两大类，第一大类为能源类型转换，如气—电转换，电—热转换等，该类型转换主要由能源供—用配比决定；第二大类为能源时间转移，即针对不同能源供给和使用时段上的差异性，通过能量储存（如储电、储热、储冷等）来实现。这一时期的城市能源互联网逐步通过这两类能源配置方式实现能源的就地取材、就近消纳。

（4）能源管理。城市能源互联网将逐步建立基于大数据的管理平台，探索将能量从产生到用户的各个过程，以及各类能源的互动进行数据采样和收集的方法，有利于更加精细化管理用能过程，更好地为用户提供用能建议。在可再生能源预测、储能系统的智能控制、自然灾害的区域预警、状态检修管理中，大数据技术都起到了关键性作用。面对城市能源互联网随时产生的海量数据，一个实用的大数据处理框架至关重要。因此这一时期的城市能源互联网需要探索最合适的大数据处理框架。

（5）能源交易。由于电、热和冷在现有技术层面上还不能大量存储，因此这一时期的城市能源互联网要在保证能源系统稳定的前提下，逐步建立各种能量形式交易的平台。由于分布式能源的大量接入，使得用户不再只是能源消费者而成为一个产消者，城市能源互联网也需要能够支持这类端对端的交易。城市能源互联网作跨行业的能源交易平台，将进一步深化能源行业体制改革，打破电能行业与其他能源行业壁垒，形成以电能为核心，多方能源利益主体与用户共同参与竞争的能源市场。

（6）能源辅助服务。城市能源互联网将提供更多的能源数据，为用户进行个性化定制服务，也能为电动汽车等新能源产品提供用能分析，宏观上分布式能源用户和电动汽车兼顾能源生产和消费两个角色，使得用户有多种能量交易选择模式，提升用户的用能体验。同时，城市能源互联网通过物联网技术，能够进行用户侧数据、能源系统边缘数据和智慧能源新技术及新业务数据的互联互通和智能应用，为能源系统安全经济运行、经营绩效提高、服务质量改善，以及培育发展战略性新兴产业，提供强数据资源支撑。

▶ 2.2.2 碳中和阶段

预计到 2060 年，我国非化石能源占一次能源消费比重将达到 80% 以上，电能占终端能源消费比重将达到 70% 以上，风电、太阳能发电总装机容量将达到 50 亿 kW 以上。这一时期城市能源互联网的功能定位是全面形成以电能为核心，其他能源多能互补的平台。构建广泛互联、开放共享、再电气化、低碳环保的城市综合能源系统，通过推进用能终端设施改造升级，普及智能用电设备，并利用虚拟电厂、用户智能调控等手段，深度挖掘终端电气化潜力，推动最大化的电能替代，实现城市泛在互联、清洁供能、智慧用能、多能协同、供需互动。这一时期城市能源互联网的主要定位如下：

（1）能源生产。分布式能源资源已经基本开发完毕，城市能源互联网需要确保高比例的分布式能源能够全部消纳。对于分布式发电，尽量采取就地消纳的方式、对于无法全部消纳的部分，采用分布式储能的方式就地储存。同时通过采用分布式能源中长期电量预测技术，对分布式能源采用全社会成本最低的优化布局方法。采用适应高比例分布式能源规划多重不确定性的风险评估方法以及考虑稳定约束的高渗透率分布式能源接入城市能源互联网承载力评估的优化规划方法。

（2）能源传输。城市能源互联网已经成为一个融合了电能、热能、天然气、氢能等能源传输网络的统一的、功能完善的能源传输平台。多种能源无差别地借助这个平台高速传递能量，终端绝大部分能源消耗将完成电能替代，实现瞬时到达用户侧。城市能源互联网的多能流运行模型已经成熟并且形成标准化，城市能源互联网建模充分考虑复杂不确定性因素、多时间尺度特性，以及信息物理耦合交互影响。

（3）能源配置。城市能源互联网能够充分发挥电网在能源汇集传输和转化利用中的枢纽作用，作为城市能源互联网中不同能源形式之间灵活转换、相互支撑和传输的主干通道，实现电与冷、热、氢能、化学能之间的高效转化，实现多种能源间的互联互通、综合转化和利用，降低能源生产和消费过程中的能耗，实现综合能源利用效率的大幅提升。对于能源类型转换，能够在满足低能量转换损耗和高经济性前提下，选择最佳能源转换路径；对于能源时间转移，能够保证不同时段能源均可实现充分利用，避免由于部分时段多发少用或少发多用所导致的能源消纳能力下降。能够通过多能协同实现能源的就地取材、就近消纳。

（4）能源管理。城市能源互联网将通过完善的大数据管理平台，将能量从产生到用户的各个过程以及各类能源的互动都能进行数据采样和收集，有利于更加精细化管理用能过程，更好地为用户提供用能建议。这一时期的城市能源互联网能够利用先进成熟的大数据处理框架，实时高效处理海量数据，对可再生能源进行精准预测、对储能系统智能灵活控制、对自然灾害进行提前预警并实现智能状态检修管理。

（5）能源交易。城市能源互联网已形成了标准化、技术成熟的多能源交易平台，并且具备现货交易、期货交易、辅助服务、碳交易等多种市场。城市能源互联网交易市场充分透明，真实反映供求双方对供求关系和价格走势的预期，提高资源配置水平。城市能源互联网的创新商业模式，具备开放的投资环境、灵活的能源定价策略，以及灵活的能源交易机制。这一时期的城市能源互联网能够破解体制僵化，实现能源资源高效配置，降低能源企业运营成本，降低能源材料或发电成本，提高能源产业组织效率，降低资源损耗，促进环保。

（6）能源辅助服务。城市能源互联网能够对用户反馈的信息高度透明化、全面化，任何能够改善用户用能体验且不涉及企业、政府敏感数据的信息都能够简单易懂地呈现给所有用能用户。城市能源互联网将所收集到的用户用能数据进行分析与融合，根据具体用户的用能习惯、硬件设备条件、所在区域能源分布情况等一系列因素，给出合理的应对与服务方案，将这些方案最后由综合服务平台加以整合凝练，为每一个用户给出合理且具有针对性的用能方案建议，增强用能用户对自身用能行为与城市能源利用导向的掌握程度，提高用户在城市能源互联网建设过程中的参与度。

2.3　我国城市能源互联网的技术演进

城市能源互联网作为能源互联网在城市侧的具体落地，其主要特征在能源互联网的基础上更加细化和鲜明，用能需求与用能场景更加多元，信息和能量更加密集，承载的产业和生态价值属性更强，对电网的可靠安全性要求更高，因此城市能源互联网的技术演进趋势如下：

（1）终端电气化水平更高。城市的电能替代水平更高，多领域、多维度推进电能替代，开展个性化、互动化智能用电服务，使其终端消费电气化水平更高。支持地源、水源热泵等新型用能方式接网，保障电动汽车、港口岸电、纯电动船等用电增长需求；推进冷热电气联供的供能方式，加快建筑节能改造，推动终端用能领域多能协同和能源综合梯级利用，促进城市多能互补协调发展。

（2）供能更加坚强可靠。城市能源互联网以保安全、保民生为重点，供能系统的安全性和可靠性更高。一方面，城市能源互联网提高城市在能源平衡安排、备用管理、新能源预测、日内调度等方面的协同能力，持续提升资源配置和安全控制能力；另一方面，构建城市核心区域重要负荷供能"生命线"，推进重要线路、变电站改造，提升电网供电安全保障水平和应急保障能力，防范冰雪、暴雨、台风等自然灾害，持续提升灾害穿越能力。

（3）接口标准更加统一。考虑到城市工商业负荷及居民负荷的差异化特性，能源需求场景复杂多样，不同能源的转换需要不同的能源耦合设备。未来，能源设备只需采用标准接口即可实现低成本物理接入，通过统一端口接纳和送出能量的标准，构建标准传输"协议"，支撑海量主体即插即用，便捷参与。

（4）生态价值更加凸显。城市能源互联网在城市中积极促进能源与互联网经济的创新融合，通过商业模式创新、产业价值赋能，积极带动产业链上、下游企业，服务新一代信息基础设施建设和重点领域智慧应用，加强科技创新前布局和资源共享，打造共享、共治、共赢的城市能源互联网生态圈。具体表现在以下几个方面。

2.3.1　提高能源互联水平

城市能源互联网作为连接各类能源和用户的网络枢纽，具有系统优化与局部自治相得益彰的互联分层网络结构，能够优化配置能源资源和用户资源。提高能源互联水平是实现各类能源集约开发和高效利用的重要基础条件。通过加强能源网络互联互通、多能互补工程建设、能源信息网络建设及能源服务网络建设等手段，可以提高能源互联水平。

碳达峰阶段：推动形成多能源互联互通的共识和框架方案，统筹优化各级电网，促进大规模可再生能源的消纳；推动电、气、热等城市多种能源的互联互通，促进不同类型能源的互补、互济，提高能源效率和经济性，使城市能源互联网初具规模。

碳中和阶段：推动形成满足城市各类能源使用需求的综合能源系统，建设支撑城市各类能源互联互通、综合利用、优化共享的先进平台，推动城市能源跨域平衡与低碳化发展，基本建成城市能源互联网。

2.3.2　提高数字化水平

数字化是城市能源互联网的重要特征之一，提高数字化水平是构建城市能源互联网的重要内容。以数字电网为核心的城市能源互联网通过推动电网的智能化发展、功能升级，促进多种能源形式的优化梯级利用。建立在坚强网架基础上的数字电网，将作为现代能源的核心网络和配置平台，在发展方向、建设重点和功能作用上与传统能源系统有明显的不同。

碳达峰阶段：基于先进控制、电力电子、传感测量、储能、数据处理等技术促进能源系统自动化与信息化深度融合，初步实现能源系统在线能观可控、柔性自愈，满足各类可再生能源集中、分散控制。

碳中和阶段：推进传感测量、大数据等技术在全环节深度应用，实现能源系统的高度信息化，具有强大的故障识别和自愈能力。

随着信息技术的升级、智能控制技术的发展、运行技术的成熟、互联网技术的应用，智能化发展的内涵不断丰富，主要呈现以下发展重点方向。

信息化、自动化技术在能源系统运行控制和调度领域的应用不断深化，建模仿真的水平不断提高，正在推动能源系统观测从稳态到动态、分析从离线到在线、调度控制从局部到整体的技术跨越。先进信息通信技术、电力电子技术、优化和控制技术、新型能源与电力市场理论等不断融合，最终建立灵活、高效的能源供应和配置系统，形成安全、可靠的智能能源网络。

互联网、物联网等网络技术的不断发展及电力光纤入户、智能电能表等设施的不断部署和提升，深入加强了智慧用能互动化的硬件平台，为用能多样化、智能化、互动化业务提供了硬件保障；大数据分析、云计算等现代信息处理技术，使智慧用能互动化充分挖掘海量数据蕴含的价值，推动互动业务的综合化、一体化、定制化。

▶ 2.3.3　提升清洁能源占比

清洁化是城市能源互联网的重要特征，具有推动外来风电、光伏与城市就地地热、分布式发电等清洁能源逐步取代城市化石能源使用，有效降低化石能源使用比重的作用。清洁替代能够从源头上有效化解化石能源资源紧缺矛盾，从根本上解决城市能源供应面临的资源约束和环境约束问题。

碳达峰阶段：加快城市分布式能源开发利用，提升清洁能源在能源供给中的占比，逐步建立城市电网、天然气网、供热/冷网、氢能源网等具有大规模储能效应的能源网的有机融合，研究借助能源综合利用实现能量的协调互补的方法，缓解可调节资源有限和实体储能系统成本偏高的制约，强化可再生能源消纳能力，促进用能结构清洁化转型。

碳中和阶段：可再生能源占比达到 70%，清洁能源成为能源供应的主力。通过建立不同能源系统之间的网络连接与深度耦合，推进异质能源梯级利用和交互响应，实现多能源系统协同管理，形成电、热、冷、气等多种能源协同互济的能源供应体系，从而大幅提高可再生能源的消纳能力。

加强城市分布式供能系统建设。结合城市安全稳定的用能要求、建筑形式及其功能分区、冷／热负荷特点，以及当地实际的能源、资源、环境条件，通过对天然气、浅层地热、太阳能等清洁能源和可再生能源全面的分析，考虑各能源技术之间的互补性，采用系统能效理论进行能源／负荷动态分析、能源的梯级利用以及系统优化配置设计。生态分布式能源匹配系统主要采用"燃气三联供＋地源热泵＋水源热泵"系统，另外设置部分"水冷机组＋锅炉"进行调峰，根据不同的建筑或组团选择合适的设备与能源系统形式。

在能源和资源的使用过程中不仅要考虑能源的使用效率，同时应该考虑不同能源在使用过程中的合理匹配，只有从系统层面考虑天然气能源、地热源、水热源、太阳能等的资源匹配及其产生能源间的相互转化和循环，才能做到真正意义上的能源、资源、环境的可持续，达到真正合理的能源匹配。要提高整个城市能源互联网的资源、能源利用效率，重点是提高区域内能源（如天然气）、资源（浅层地热能、太阳能等）、环境（生态环境）、经济（经济效益）的综合能效。首先在用能端，通过主动节能技术降低单位能耗（客户用能端的设备），在能源系统供能端（即生产端），通过设备优化配置和不同能源技术的互补性，降低引起排放强度增加的不可再生资源消耗，最大化地利用可再生资源，由此降低单位能耗的排放强度，进而可以降低总碳排放。

▶ 2.3.4　推进电能替代

清洁能源大多需要转化为电能的形式才能够被高效利用，推进电能替代是清洁能源发展的必然要求，也是构建城市能源互联网的必然路径。电能替代对能源利用效率的提升是全方位的。从使用上看，电能使用便捷，可精密控制；从能源转换上看，电能可以实现各种形式能源的相互转换，所有一次能源都能转换成电能；从配置上看，电能可以大规模生产、远距离输送，并通过能源网络瞬时送至每一个终端用户。

从城市能源发展的趋势看，城市进入后工业化阶段，其产业结构、经济水平、用能习惯及技术进步都将推动电能替代稳步实施。电能替代作为城市能源转型中的关键手段，从技术、经济、政策三方面因素出发，从建筑领域、工业领域、交通领域、农业生产及农产品加工、家居生活几方面进行研究。

碳达峰阶段：电能替代的技术发展和标准化程度进一步加深，技术环境逐步成熟，市场对于电能替代的接受度有了一定程度的提升，较成熟的商业模式开始涌现，电能替代在重点行业已经具备一定经验，产业合作已经初具成效。政府的推动作用与政策补助等可逐渐减弱，主要由电网公司、节能服务公司、第三方运营商等推动市场的进一步拓展与成熟。

在这一阶段，市场形成一定规模的情况下，开始逐渐扩大电能替代技术应用范围，引入一些商业竞争，持续提升行业运行效率，提高企业发展水平和服务能力。

碳中和阶段：电能替代发展的基本环境已经完全形成，标准化程度极大提高。电能替代技术将广泛应用于各种类型用户。整个社会电气化程度较高，电力消费在终端用能中的比重较碳达峰阶段有显著增加，电能替代带来的经济环保效益明显。多种类型的节能服务公司，提供电能替代服务的第三方运营商发展成熟，电能替代相应服务质量显著提升。

在这一阶段，整个电能替代环境建设完善，开始推进整个行业的个体融合，强化不同类型市场的主导应用方向，实现对市场需求的覆盖和更好的运行效率。

未来以电能替代环保潜力为主要依据，结合大气污染防治各项行动计划，提升创新驱动力，投入更多人力、财力等资源，争取更多支持政策，细化内部工作协同，激发各方参与积极性。

重点在建筑、工业、交通、农业、家居五类领域，推广电锅炉、热泵、电窑炉、电磁灶、电蓄冷空调、排灌水泵、燃煤自备电厂、岸电技术、电动汽车及城市轨道交通等 14 项电能替代技术。

（1）建筑领域应用场景。包括电（蓄热）锅炉采暖、热泵（污水源热泵、地热源泵、空气源热泵）、电蓄冷空调等。这类场景使用的电能替代技术一般是规模中等的、较集中的。

（2）工业领域应用场景。包括工业电窑炉（电热隧道窑、铸造中频炉）、电制茶、电烤烟、自备电厂替代、油田钻机"油改电"、油气管线压气站"油改电"等。这类场景适用的电能替代技术一般是规模较大的、较集中的。

（3）交通领域应用场景。包括电动汽车、轨道交通、港口岸电（高压船舶岸电、低压船舶岸电、龙门吊"油改电"）、机场桥载设备替代飞机辅助动力装置 APU（Auxiliary Power Units）等。这类场景适用的电能替代技术一般是规模可大可小、集中的或分散的。

（4）农业领域应用场景。包括农业电灌溉、温室种植、农业机械化、农业生产加工等。这类场景适用的电能替代技术一般是规模较小的、较分散的。

（5）家居领域应用场景。包括家庭电气化（电炊具、电热水器）、家庭电采暖等。这类场景使用的电能替代技术一般是规模较小的、分散的。

▶ 2.3.5　促进商业模式创新

　　城市能源互联网将改变传统能源系统各自规划、单一供应的状况，把电、气、冷、热等多种能源形式在生产、输送、储存、消费等各个环节耦合起来，即在各种新型的能量转换、储存与分配设备的支撑下，用户能够获取灵活、高效、"即插即用"的能量服务。这样就打破传统意义上对于能源供应、消费环节界定的"鸿沟"，孕育出众多商业主体。因此，唯有大力推动商业模式创新才能把握前所未有的变革机遇，实现城市能源互联网创造价值的目标。

　　碳达峰阶段：加强对现有成功商业模式如个性化节能服务、新能源开发与投资咨询、分布式新能源一体化服务等的支持；鼓励售电商、虚拟电厂、充电桩运营商等模式创新，并鼓励其参与作为新的市场主体参与能源市场。鼓励各地结合自身地方特色，开展相关的试点工作，如在高新产业园区、工业园区开展综合能源的建设与运营、区域售电交易等商业模式创新试点工程；开展分布式光伏、分布式储能、实时电价、互动需求响应等商业模式创新试点工程。

　　碳中和阶段：这一时期的城市能源互联网商业模式具备开放的投资环境、灵活的能源定价策略，以及灵活的能源交易机制。具备能源资产服务、能源增值服务、能源电子商务等功能。其中能源资产服务包括能源资产的代理运营服务、能源资产的开发服务、能源资产证券化的互联网金融、能源资产的电子商务等。能源增值服务包括基于大数据的用能咨询、能效产品销售、电动汽车后市场、节能解决方案、线上线下一体化（online to offline，O2O）商业消费等。能源电子商务包含材料及设备的线上市场、行业垂直电商（business to business，B2B），B2B 现货交易和期货交易平台等。

　　在城市能源互联网发展以及电力体制改革的背景下，探索城市能源互联网商业运营模式，拓展并延伸供电企业的综合服务能力和利润空间；以模块化设计思路建设实用化的能源互联网综合服务平台，以平台为载体支撑城市能源互联网商业运营模式的运转，提高效率和效益；开展客户差异化需求服务分析，提升综合能源服务精准度。

参考文献   🔍

［1］ 国网能源研究院有限公司.国内外能源互联网发展分析报告2021［M］.北京：中国电力出版社，2021.

［2］ 康重庆.能源互联网促进实现"双碳"目标［J］.全球能源互联网，2021（03）：205–207.

［3］ 邓建玲.能源互联网的概念及发展模式［J］.电力自动化设备，2016，36（03）：1–5.

［4］ 姚建国，高志远，杨胜春.能源互联网的认识和展望［J］.电力系统自动化，2015，39（23）：9–14.

［5］ XUE Y. Energy internet or comprehensive energy network?［J］. Journal of Modern Power Systems and Clean Energy，2015，3（03）：297–301.

［6］ 金和平，郭创新，许奕斌，等.能源大数据的系统构想及应用研究［J］.水电与抽水蓄能，2019，5（01）：1–13.

［7］ 董朝阳，赵俊华，文福拴，等.从智能电网到能源互联网：基本概念与研究框架［J］.电力系统自动化，2014，38（15）：1–11.

［8］ 周敬东.城市能源互联网的技术架构及在厦门市的实践探索［J］.电力系统保护与控制，2019，47（12）：165–176.

［9］ 洪居华，刘俊勇，向月，等.城市能源互联网初步认识与研究展望［J］.电力自动化设备，2017，37（06）：15–25.

［10］ HUANG A. Freedm system–the future renewable electric energy delivery［C］//Proceedings of the 2010 IEEE Power and Energy Society General Meeting. Providence：IEEE，2010：1–4.

［11］ KRENGE J，SCHEIBMAYER M，DEINDL M. Identification scheme and name service in the internet of energy［C］//Proceedings of the 2013 IEEE

PES Innovative Smart Grid Technologies Conference（ISGT）.Washington：IEEE，2013：1-6.

［12］谢光龙，贾梦雨，韩新阳，等.城市能源互联网的商业模式探讨［J］.电力建设，2018，39（02）：10-17.

［13］张磊.可再生能源100%消纳全国首个城市能源互联网在浙江建成［J］.能源研究与利用，2019（05）：14-15.

［14］GEIDL M，KOEPPEL G，FAVRE-PERROD P，et al. Energy hubs for the future［J］. IEEE Power and Energy Magazine，2007，5（01）：24-30.

［15］BOZCHALUI M C，HASHMI S A，HASSEN H，et al. Optimal operation of residential energy hubs in smart grids［J］. IEEE Transactions on Smart Grid，2012，3（04）：1755-1766.

［16］苗新，张东霞，宋璇坤.全球能源互联网拓扑的矩阵表述［J］.电力系统自动化，2016，40（05）：8-16.

［17］洪居华，刘俊勇，向月，等.城市能源互联网初步认识与研究展望［J］.电力自动化设备，2017，37（06）：15-25.

［18］顾伟，陆帅，王珺，等.多区域综合能源系统热网建模及系统运行优化［J］.中国电机工程学报，2017，37（05）：1305-1315.

［19］曾鸣，杨雍琦，李源非，等.能源互联网背景下新能源电力系统运营模式及关键技术初探［J］.中国电机工程学报，2016，36（03）：681-691.

［20］PARISIO A，DEL VECCHIO C，VACCARO A. A robust optimization approach to energy hub management［J］. International Journal of Electrical Power & Energy Systems，2012，42（01）：98-104.

［21］张彦，张涛，孟繁霖，等.基于模型预测控制的能源互联网系统分布式优化调度研究［J］.中国电机工程学报，2017，37（23）：6829-6845.

［22］李媛，冯昌森，文福拴，等.含电动汽车和电转气的园区能源互联网

能源定价与管理［J］.电力系统自动化，2018，42（16）：1–10，192–196.

［23］王英瑞，曾博，郭经，等 .电—热—气综合能源系统多能流计算方法［J］.电网技术，2016，40（10）：2942–2950.

［24］曹军威，袁仲达，明阳阳，等 .能源互联网大数据分析技术综述［J］.南方电网技术，2015，9（11）：1–12.

第**3**章

城市能源互联网的
关键技术

3.1　城市能源互联网技术框架

城市能源互联网作为新一代能源系统，从逻辑和功能上划分可分为物理层、信息层和价值层，三者相互依存、相互促进，共同构成了城市能源互联网的完整架构。这三个层面在能源的生产、传输、消费和管理中发挥着不同的作用，其物理层、信息层和价值层各自承载着不同的功能和关键技术，共同推动了城市能源互联网的快速发展和广泛应用。

（1）物理层是城市能源互联网的物质基础。物理层主要涉及能源的生产、传输、存储和消费过程中的物理设备和网络，涉及的关键技术主要集中在能源的生产、传输、存储和分配方面。

1）新能源发电技术。主要包括太阳能、风能等新能源高效发电技术，以及城市能源互联网内新能源装机占比较高时，需要针对性研究的新能源预测技术和新能源支撑技术，分别应对高新能源占比条件下城市能源互联网电力电量平衡和安全稳定运行的难题。

2）化石能源高效转化利用技术。围绕我国煤基化石能源火力发电深度节能和灵活调峰需求，需要突破以下技术：低品位余热能高效利用关键材料与装备技术，以及火电机组高可靠性灵活控制技术；借助二次再热等流程重构系统集成，在低污染物排放约束下提升火电机组全工况节能、节水水平；以及规模化低成本 CO_2 减排前沿技术开展探索。

3）能源转换与存储技术。城市能源互联网涉及冷、热、电、气等多类型能源，在接入多类型能源的同时，也需要满足用户的多元化需求，随着供能可靠性、供能品质要求的不断提升，亟待深入完善各类能源之间的相互能源转换，以及各类能源的存储技术。

4）多能互补分布式能源系统技术。分布式能源系统和大规模集中供能的有机结合，是未来能源系统的发展方向。需要重点突破综合能源微电网技术和电氢综合利用技术，通过集成多种能源供应和管理系统，实现能源的互补利用和梯级利用，提高能源利用效率，促进能源领域的绿色发展和低碳转型。

（2）信息层是城市能源互联网的核心。信息层应用前沿的信息技术和计算机技术，如大数据、云计算、物联网等，覆盖城市能源所有地域、所有领域的通信信息系统，实现各种形式的能源设备之间信息的有效双向传递和协调。

1）智能感知技术。主要包括数字化测量和智能故障诊断，为能源系统的运行提供支撑。

2）信息通信技术。主要包括信息数据管理、网络通信、信息安全和智能决策技术，这些技术使得能源互联网中的设备互联和信息交换在保证数据安全可靠的前提下实现了通信互联。

3）大数据与云计算技术。大数据技术用于处理和分析能源互联网中产生的海量数据，挖掘数据背后的价值；云计算技术则提供了强大的计算能力和存储能力，支持大规模数据的处理和分析。这些技术为能源系统的智能化决策提供了有力支持。

4）物联网技术。物联网技术将各种能源设备和传感器连接起来，实现了设备之间的互联互通。通过物联网技术，可以实时监测能源设备的运行状态，及时发现并处理故障，提高能源系统的运行效率。

（3）价值层是能源互联网的最终目标。价值层主要实现价值分享，并还原能源和电力的商品属性。从价值驱动角度出发，价值层为用户提供更多的增值服务，并通过交易和价值流动促进能量和信息的流动。关键技术主要集中在能源的交易、结算和增值服务方面。

1）区块链技术。区块链技术具有去中心化、不可篡改、可追溯等特点，非常适合用于能源交易中的信任建立和数据安全。通过区块链技术，可以构建安全可靠的能源交易环境，降低交易成本，提高交易效率。

2）能源交易平台技术。能源交易平台是能源互联网中各类能源主体进行交易和结算的场所。通过能源交易平台，可以实现能源的买卖、竞价、结算等功能，促进能源的流动和优化配置。

3）需求响应与虚拟电厂技术。需求响应与虚拟电厂是指用户等分布式资源对电价或其他激励做出响应改变用电方式的技术，可以平衡电网负荷，提高能源系统的稳定性和可靠性。同时，需求响应虚拟电厂技术还可以为用户提供更多的选择和自主权，提高用户的满意度和参与度。

4）增值服务技术。增值服务技术包括为用户提供定制化的能源服务、能源账单、需量分析、能耗监控、节能建议等。这些服务可以帮助用户更好地管理自己的能源使用，提高能源利用效率，降低能源成本。

3.2　物理层关键技术

▶ 3.2.1　新能源发电技术

新能源发电技术和城市能源互联网的结合是实现绿色、低碳城市发展的重要途径。新能源发电为城市能源互联网提供了可持续的能源源泉，而城市能源互联网则通过智能化管理和优化调度，提高了新能源的利用效率，保障了电力系统的稳定和高效运行。

3.2.1.1　新能源高效发电技术

（1）太阳能发电技术。太阳能发电利用太阳能转化为电能，为城市能源互联网提供了一种清洁、无污染的能源。这有助于减少温室气体排放，降低对环境的负面影响，推动城市能源结构的绿色转型。同时，太阳能发电系统可以分布式布置在城市中的各个角落，如建筑物屋顶、墙面等空间，充分利用闲置资源。当阳光充足时，太阳能发电系统可以大量发电，并通过并网运行的方式将电能注入城市电网，实现与传统发电方式的混合供电，这种分布式发电方式可以降低输电损耗，提高电网的效率，从而增强城市能源供应的稳定性和可靠性。

促进能源消费低碳化发展，太阳能发电的大规模应用有助于减少化石能源的使用，降低碳排放量。在城市能源互联网中，通过智能光伏系统可以实现电力的自动调度和分配，提高能源利用效率，进一步推动城市能源消费的低碳化发展。

当前，太阳能发电技术主要分为光伏发电和光热发电两大类。光伏发电是根据半导体的光生伏特效应原理，利用太阳电池将太阳光能直接转化为电能。根据电池材料和制造工艺的不同，光伏发电技术可分为晶硅太阳电池技术、薄膜太阳电池技术、聚光太阳电池技术及新型太阳电池技术。其中，晶硅太阳电池技术成熟度高、产业规模较大，是目前的主流产品；薄膜太阳电池技术虽然目前技术还不完全成熟，但具有成本低、质量轻等优点，便于大规模生产；聚光太阳电池技术通过聚光的方式提高太阳电池表面照度，从而提高光电转换效率；新型太阳电池技术则包括染料敏化太阳电池技术和有机电池技术等，目前仍处于技术开发阶段。光热发电是通过"光—热—电"的转化过程实现发电的一种技术，它利用聚光器将低密度的太阳能聚集成高密度的能量，经由传热介质将太阳能转化为热能，再通过热力循环做功实现到电能的转换。光热发电技术包括聚光光热发电（concentrated solar power，CSP）、太阳能半导体温差发电、太阳能烟囱发电、太阳池发电和太阳能热声发电等，其中，聚光光热发电是现今最具商业化利用前景的技术形式。

随着科技的进步，太阳能发电技术的成本将进一步降低，发电效率将进一步提高，同时应用场景将更加多元化和智能化。随着高效光伏材料的不断研发应用以及生产工艺的改进，太阳能发电系统的成本将进一步降低，同时光电转换效率也将不断提高，除了传统的屋顶和墙面安装，太阳能发电系统还可以应用于道路、公园等公共场所的照明和能源供应。同时，通过智能光伏系统实现对太阳能发电系统的远程监控和智能调度，提高能源利用效率和管理水平，这将使得太阳能发电更加具有竞争力，为城市能源互联网提供更加经济、高效的能源解决方案。

（2）风能发电技术。风力发电利用风能转化为电能，既可以作为集中电源布置在城市周边，也可以作为一种分布式电源，布置在城市内部风能资源丰富地区，通过与城市能源互联网的连接，风力发电系统可以将电能输送到城市电网中，增强能源供应的多样性和稳定性。相对于太阳能发电，风力发电设备的维护成本相对较低，因为其主要部件如发电机、齿轮箱、叶片等都具有较高的耐久性和可靠性，且随着技术的进步，这些部件的维修和更换也变得更加便捷和高效。同时，风力发电相对于光伏发电来说，其出力曲线相对较为平滑。当风速变化时，风力发电机的输出功率会随之变化，但变化速度相对较慢，且可以通过技术手段进行预测和调控。此外，风力发电通常不受天气条件限制，可以全天候运作。

当前，风力发电系统主要可以分为恒速恒频风力发电系统和变速恒频风力发电系统两大类。恒速恒频风力发电系统的电机转速是固定不变的。当风能充足、风速较大时，无法有效地利用风能，此外，恒速恒频系统在安全性及稳定性上也有所欠缺。与恒速恒频系统相反，变速恒频系统的发电机转速会随着风速的改变而改变，这可以在较大的风速范围内保持系统的最佳运行状态，大大提高风能的利用率。变速恒频系统有多种实现方式，其中应用最为广泛的有笼型异步发电机、双馈异步发电机以及永磁同步发电机变速恒频发电系统。

未来，风力发电技术的单机容量将不断提升，叶片尺寸将不断增大，同时由陆上风电向海上风电发展。随着技术的进步和成本的降低，风力发电机组的单机容量将持续增加，预计到 2030 年平均单机容量将达到 15~20MW。然而，为了捕获更多的风能，风电机组的叶片尺寸将不断增大，这也带来了重量、材料性能、运输和安装等方面的挑战，也需要叶片材料、设计和制造工艺的技术改进。

3.2.1.2　新能源预测技术

清洁低碳作为城市能源互联网的重要特征，决定了城市能源互联网的能量来源极大依赖于以风能和太阳能为主要形式的新能源，但由于新能源发电量的波动性和不确定性，对其进行精准预测和高效管理成为构建城市能源互联网需要突破的重大技术之一。新能源发电的数据特性具有显著的复杂性和动态性，这是由于其依赖于多变的自然条件，如风速、太阳辐照度、温度和湿度等环境因素，此类数据的时空特性较为明显，在时序性方面，需考虑其短期波动性、长期趋势和周期性变化，在空间异质性方面，需考虑风力和太阳能资源在不同地理位置的分布不均对其发电量的影响。

新能源预测技术可分为基于统计特性建模和基于深度学习等人工智能技术建模两大类。基于人工智能技术建模与负荷预测技术类似，主要是通过利用神经网络学习其时序特征实现对其发电功率的预测。基于统计特征建模主要是通过假定其服从特定的分布，通过历史数据确定其参数，再利用蒙特卡洛等方法模拟其出力曲线。

未来，基于人工智能技术的预测方法将依然成为新能源预测技术的主要研究方法，如何在拥有较小数据量的前提下构建高效精确可解释的预测模型将成为重点研究方向。同时，基于统计方法的预测技术将起到辅助作用，助力新能源预测技术实现高质量发展，推动城市能源互联网系统优化调度。

3.2.1.3　新能源主动支撑技术

随着新能源快速发展，风电、光伏场站发电占比逐渐提高，预计到2060年，风电和太阳能发电装机占比将达到70%以上并提供超过55%的电量。与此同时，风电、光伏场站自身不对系统提供惯量，调频能力不足；电压支撑能力较弱，调压能力有限；由控制系统主导同步过程，同步特性较为复杂；同时由风电、光伏场站控制引发的振荡事故时有发生，电力系统安全稳定运行面临诸多挑战，甚至引起脱网事故。

为了缓解或解决风电、光伏场站接入系统在频率稳定、电压安全稳定、同步稳定等各方面可能存在的问题，亟须主动支撑技术改善风电、光伏场站并网特性，提高新型电力系统稳定性。当前已有多种不同类型的主动支撑技术接入风电光伏场站，风电、光伏场站主动支撑技术框架如图3-1所示。从支撑形式上看，可以分为机组级支撑形式和场站级支撑形式，如场

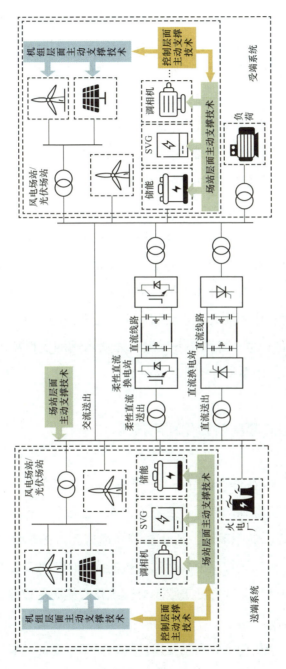

图 3-1　风电、光伏场站主动支撑技术框架

站级储能、静止无功发生器（static var generator，SVG）、调相机等，通过并联在风电、光伏场站并网母线处，为场站整体提供支撑；从控制方法上看，可以分为虚拟同步机控制、虚拟惯量控制、下垂控制等；从功能实现上看，可以分为频率支撑、电压支撑、同步支撑等技术。然而，大量主动支撑技术的接入在对风电、光伏场站安全稳定运行有积极作用的同时，也会带来新的稳定问题，下垂控制、虚拟惯量控制等主动支撑技术可能也会导致风电、光伏场站稳定形态恶化。目前所做的工作局限于风电、光伏场站外特性，对风电、光伏场站内部主动支撑技术的支撑能力、容量配置等要求尚需更多的探索和实践。

未来风电、光伏场站主动支撑技术应突破的壁垒主要有 3 个方面：①风电、光伏场站主动支撑技术中的电力电子装备耐压、耐流能力亟待提高；②风电和光伏场站与主动支撑技术之间、不同主动支撑技术之间的交互作用复杂，在系统故障过程中可能会带来新的次生稳定性问题，这些稳定性问题需要进一步深入研究；③不同场景下风电、光伏场站的支撑需求难以精准量化。这些问题及技术壁垒亟待解决和突破。

▶ 3.2.2 化石能源高效转化利用技术

（1）低品位余热能高效利用技术。低品位余热能高效利用技术能够回收和利用城市中广泛存在的低温余热资源，如工业废气、废水、废渣中的余热，以及城市供暖、供冷系统中的余热等。通过先进的热泵、热交换等技术，这些低温余热可以被转化为高品位的热能或电能，从而提高能源的利用效率、稳定性和灵活性。这有助于减少对传统化石能源的依赖，推动城市能源结构的优化和升级。

目前，低品位余热能高效利用技术已经取得了一定的进展。例如，压差发电技术、热泵技术、有机朗肯循环余热发电技术、低温烟气余热回收技术和自回热精馏节能技术等已经在多个领域得到了广泛应用。如舞阳钢铁余热发电耦合碳捕集示范项目，总投资达 65 亿元，采用有机朗肯循环技术回收钢厂排烟口烟气的余热进行发电，并利用有机朗肯循环冷端的冷却工质为烟气中的 CO_2 捕集工艺提供液化冷源。每年可为钢厂节约购电成本近 2 亿元，同时实现年产 CO_2 135 万 t，用于油出驱油或作为合成甲醇原料，每年销售 CO_2 收益约 3.6 亿元。

这些技术的应用不仅提高了能源利用效率，还降低了环境污染。然而，在材料科学和装备制造方面，仍有待进一步突破，以更好地适应不同领域的需求。未来，低品位余热能高效利用技术将更加注重材料的创新和装备的优化。高效热管材料、耐腐蚀材料和储热材料等关键材料的研发和应用将进一步提升热能的回收和利用效率。同时，随着智能化和物联网技术的发展，低品位余热能高效利用系统将更加智能化和自动化，实现更高效的能源管理和利用。

（2）火电流程重构系统集成技术。随着能源需求的不断增长和环保要求的日益严格，火力发电厂面临着巨大的挑战。为了提高发电效率、降低煤耗和减少排放，火电流程重构系统集成技术应运而生，该技术通过优化和集成火力发电厂的各个系统和组件，可实现能量的高效利用和环境的友好排放。火电流程重构系统集成技术的核心在于对火力发电厂的热力循环流程进行重构和优化。

当前，流程重构系统集成技术主要包括以下几个方面：①热力循环优化，通过改变热力循环的参数和流程配置，提高循环效率。例如，采用更高的蒸汽压力和温度、增加再热次数等。②系统组件优化，对锅炉、汽轮机、发电机等关键组件进行优化设计和改进，提高其性能和效率。③系统集成，将优化后的各个系统和组件进行集成，形成一个高效、稳定、可靠的整体系统。以大唐东营 2×100 万 kW 火电项目为例，该项目采用了百万千瓦级超超临界超长轴系超低背压二次再热蒸汽轮机，通过优化热力循环参数、采用单轴六缸六排汽设计、实施宽负荷节能设计方案等措施，实现了高效节能的目标。相对于原方案，新方案下机组铭牌出力增加了 30MW，汽轮机平均热耗降低了 100kJ/kWh，合供电煤耗降低了近 4kJ/kWh。

未来，随着技术的不断进步和创新，火电流程重构系统集成技术将在未来发挥更大的作用。一方面，通过持续优化热力循环和系统组件，可以进一步提高发电效率和降低煤耗；另一方面，通过集成更多的先进技术和设备，可以实现更加智能化、自动化和环保的火力发电。

（3）火电机组高可靠性灵活控制技术。火电机组高可靠性灵活控制技术是电力行业在"碳达峰、碳中和"目标下，为适应城市能源互联网建设而发展的关键技术之一。随着新能源装机和发电量的持续增加，火电机组正经历由主体性电源向供电保障、调峰调频的基础性电源的角色转变。火电机组需要具备更高的灵活性，根据电网负荷的变化，灵活调整火电机组的输出功率，确保电网的稳定运行。同时，还可以提高火电机组的可靠性和安全性，降低运行风险。

当前，火电机组高可靠性灵活控制技术根据机组的不同，主要分为热电机组灵活性改造、纯凝机组灵活性改造、储能系统耦合火电机组改造技术。热电解耦技术，通过储热技术、电热锅炉、主再热蒸汽辅助供热、低压转子改光轴、低压缸零出力供热等技术，实现热电机组的热电解耦，提高调峰能力。纯凝机组灵活性改造包括低负荷稳燃技术和宽负荷脱硝技术。低负荷稳燃技术采用燃烧器改造、等离子体稳燃技术改造、制粉系统优化升级等技术，提高锅炉低负荷下的燃烧稳定性。宽负荷脱硝技术，通过增设零号高压加热器、省煤器给水旁路、省煤器分级改造等技术，提高脱硝装置的入口烟温，确保在低负荷工况下脱硝装置的正常投运。而储能系统耦合火电机组，利用热水储热技术、电极锅炉储热技术、相变材料储热技术、熔盐储热技术等，将火电机组的富余热量或电能储存起来，在需要时释放。这样储能系统能够平抑火电机组的出力波动，提高机组的顶峰发电能力和调峰能力。

未来，随着新能源占比的不断提高和电力市场的逐步放开，火电机组高可靠性灵活控制技术未来的发展方向是多元化的，包括提升调峰能力、降低能耗与提高运行效率、增强环保性能以及推动技术创新与产业升级等方面。这些发展方向将有助于火电机组更好地适应新型电力系统的建设需求，为电力系统的稳定运行和可持续发展做出贡献。

（4）规模化低成本 CO_2 减排技术。随着全球气候变化的日益严重，减少温室气体排放已成为国际社会关注的焦点。CO_2 作为主要的温室气体之一，其减排对于缓解全球气候变暖具有重要意义。规模化低成本 CO_2 减排技术的应用，能够显著降低城市能源互联网中的碳排放量，推动其向低碳化方向发展。同时，通过应用先进的 CO_2 减排技术，如高效燃烧技术、碳捕集与封存技术等，可以优化能源利用过程，减少能源浪费。这不仅有助于降低城市能源互联网的运营成本，还能提高整体能源利用效率，为城市的可持续发展提供有力支持。

当前，规模化低成本 CO_2 减排技术主要包括碳捕捉、利用和封存（carbon capture，utilization and storage，CCUS）技术、碳汇技术等。CCUS 技术主要包括从工业排放源或大气中捕集 CO_2，将捕集的 CO_2 转化为有用的化学品或燃料，以及将捕集的 CO_2 安全地存储在地下或其他储存设施中。如佛山佳利达燃煤烟气 CO_2 捕集与碳铵固碳示范工程，采用先进的 CO_2 捕集技术，将燃煤烟气中的 CO_2 进行捕集，并转化为碳酸氢铵等有价值的化学品。工程具备 1.8 万 t/ 年碳酸氢铵装置、1850t/ 年干冰造粒机，实现了 CO_2 的有效利用和减排。而碳汇技术是通过植树造林、森林管理、海洋渔业、水土保持等措施增加碳吸收量，以抵消排放。如浙江安吉竹林碳汇，安吉县通过林业碳汇综合改革，成功入选省级首批林业增汇试点县，形成了"林业增汇""农民增收"路径。碳汇指标从 2015 年的 24.4 万 t 上升到 2022 年 34 万 t。

未来，规模化低成本 CO_2 减排技术的探索将更加注重创新和实用化的发展。通过引入新材料、新工艺和新技术等手段，降低 CO_2 的减排成本和提高减排效率。例如研发低能耗、低损耗、低成本吸收剂，研制高通量—低压降塔内件和超大型—紧凑型捕集分离设备，提升大规模碳捕集系统耦合发电系统的优化控制能力。同时，需要各级政府加大对 CCUS 技术研发和碳汇示范项目的支持力度，提供资金补贴、税收优惠等激励措施，降低企业投资成本和市场风险。同时，将制定更加完善的法律法规和标准体系，为规模化低成本 CO_2 减排技术的推广和应用提供有力保障。

▶ 3.2.3 能源转换与存储技术

能源转换和存储技术在城市能源互联网中起着支撑性作用，可以有效解决可再生能源的波动性问题，确保了能源的高效利用和供需平衡，通过科学的能源存储管理，城市能源互联网能够更加高效、可持续地满足城市日益增长的能源需求。

3.2.3.1 能源转换技术

能源转换技术主要基于物理、化学或生物过程，将一种形式的能源（如太阳能、风能、水能、生物质能等）转换为另一种形式的能源（如电能、热能、化学能等）。在城市能源互联网中，这些技术被广泛应用于分布式发电、储能系统以及微电网等领域，实现能源的高效利用和智能管理。能源转换技术种类繁多，涵盖了太阳能、风能、水能、生物质能等多种可再生能源的转换技术。随着技术的不断进步，能源转换效率逐渐提高，能够更好地满足城市能源需求。同时，能源转换技术往往与智能控制系统相结合，实现能源的高效调度和优化利用，提升城市能源系统的智能化水平。通过高效的能源转换技术，提高能源的整体利用效率，降低能源消耗和浪费。此外，结合储能技术和智能调度系统，能源转换技术有助于增强城市能源系统的稳定性和可靠性。

大部分能源转换技术需要高精度的设备和复杂的控制系统，导致技术成本较高，可能限制其大规模应用。而且，各地区的资源禀赋差异加大，需要针对特定场景开展个性化设计。部分新能源发电技术仍存在一些技术难题，如光电转换效率、储能技术等。虽然新能源发电的经济性逐渐提高，但在某些地区或领域，其投资成本仍高于传统能源。新能源发电的间歇性和不稳定性给电网调度和运行带来一定挑战。新能源发电项目在建设过程中可能对生态环境造成一定影响，如风电场对鸟类栖息地的破坏等。

未来，随着技术创新与突破，需要进一步加强能源转换技术的研发和创新，提高转换效率和稳定性，降低技术成本，特别是在光伏、风电、储能等领域，更要探索新技术、新材料和新工艺的应用。同时，需要推动多种可再生能源转换技术的协同发展，形成多元化的能源供应体系，加强能源转换技术与智能电网技术的融合应用，提升城市能源系统的整体效能。

3.2.3.2　储能技术

储能技术是指通过装置或物理介质将能量储存起来以便以后需要时利用的技术。各类储能技术对比如表 3-1 所示。储能技术分为以下几类：

表 3-1　各类储能技术对比

储能类型	优势	劣势	典型场景
电化学储能	能量密度高，循环寿命较长，响应速度快，快速充放电	成本较高	适用于小规模储能和电动汽车等应用
电磁储能	功率密度大，充放电倍率高，循环寿命长	度电成本高	用于改善电能质量，或者与其他储能装置联合使用
机械储能	能量密度和功率密度大，转换效率相对较低，储能时间长	设备体积大	适用于大规模能量储存和调度
热储能	能量密度高	转换效率低	适用于多能互补、热电联供等场景应用

（1）电化学储能：利用化学反应将电能转化为化学能并储存起来，当需要时再将化学能转化为电能。常见的电化学储能技术包括锂离子电池、铅酸电池、钠离子电池等。

（2）电磁储能：利用电磁场将能量储存起来，当需要时再将电磁能转化为电能。常见的电磁储能技术包括超级电容器和超导储能。

（3）机械储能：利用机械装置将能量转化为动能或势能并储存起来，当需要时再通过发电机将动能或势能转化为电能。常见的机械储能技术包括抽水蓄能、压缩空气储能、飞轮储能等。

（4）热储能：通过高温化学热工质或相变材料储存热量，当需要时再将热能转化为电能或热能利用。

储能技术在城市能源互联网的应用场景多样、技术优势显著，可以应用于电源侧，平滑可再生能源的间歇性输出，提高能源利用效率，减少能源浪费。可用于电网侧，快速响应电网需求，提供必要的调频和备用服务，增强电网稳定性；也可以更有效地进行电网削峰填谷，优化电力系统运行，降低能源成本。也可以应用于负荷侧，使得微电网和分布式能源系统更加可行，为用户提供更多的能源选择和供电保障。

由于当前储能技术的成本仍然较高，限制了其在大规模应用中的普及和推广。大多数储能设备的能量密度相对较低，且充放电过程中存在能量损失。规模储能系统可能涉及高温、高压等复杂环境，存在安全隐患和性能稳定性问题。

当前储能技术的典型示范案例较多，如德国亨托夫市（Huntorf）压缩空气储能电站和美国麦景图（McIntosh）压缩空气储能电站，利用压缩空气作为储能介质，在电网低谷时储存能量，在高峰时释放能量发电。

未来锂电池、钠离子电池、固态电池等电化学储能技术将不断创新，能量密度、循环寿命和安全性能将得到显著提升。同时，为满足不同应用场景的需求，混合储能技术将得到广泛关注和应用。储能参与电力市场的规则将逐步完善，储能价值得到充分体现。

▶ 3.2.4　多能互补分布式能源系统技术

多能互补分布式能源系统技术是城市能源互联网技术体系的重要组成部分，能够提高能源系统的灵活性、稳定性和可持续性。分布式能源系统不仅优化了可再生能源的利用，还提升了整个城市能源供应系统的效率和韧性，和大规模集中供能有机结合，有力推动了绿色低碳城市的发展，是未来能源系统的发展方向。

（1）微电网技术。微电网主要是通过分布式能源（如三联供、太阳能光伏、风力发电、燃料电池等）和储能设备（如电池组、超级电容、蓄热蓄冷装置等）的集成，形成一个小型、自治的能源系统。该系统能够实现对本地多元负荷的自给自足，同时也可以在必要时与电网、气网进行互联。综合能源微电网采用智能能量管理系统进行能量的调度和优化管理，确保系统的稳定运行和高效利用。

微电网具备独立性、多样性、灵活性、可靠性和环保节能的特点，在提高能源供应可靠性、促进环保和节能、降低用户能源成本和增加能源自主权等方面存在明显优势，但是由于建设和运营需要较高的投资成本、运维费用较高、能量储存和平衡等问题，限制了综合能源微电网技术的发展。

目前，我国已在微电网规划设计、运行控制、能量管理、仿真测试等核心技术层面已经取得了突出成果，我国微电网总体技术水平已经实现了与国外发达国家的技术并跑，并实现了局部领先，已经实现技术出口至东南亚、非洲甚至是日本、加拿大等地区。从应用场景及工程分布上来看，如今全球范围内的微电网主要应用于偏远地区（孤岛），占比达到近40%；其次为工商业，占比达到28.32%，公共事业占比11.79%。根据当前确定的待建项目数据显示，微电网市场的重心已经开始向工业和商用及保供型微电网项目转移。

我国虽然对微电网研究起步较晚，但微电网的特点适应我国电力发展的需求和方向，能解决我国大电网规模过大、新能源整合效率低以及偏远地区供电的问题，近年来我国在微电网领域的研发及建设投入较大，出台了一系列政策促进微电网的有序发展。现阶段，全球约80%的待建项目均位于我国，当前绝大部分的微电网项目都集中在工业园区，多能互补的工业园区微电网是城市能源互联网的重要组成部分。

未来综合能源微电网将进一步统筹协调电力、燃气、水务、热力、储能等资源捆绑为整体资源，实现电网络、热网络与冷网络三个彼此耦合，统一解决有关能源的有效利用和调峰问题。相较热网络和冷网络，电网络具有易互联、损耗小、传输快等特点，是综合能源网的核心，也给新型电力系统发展带来机遇。

（2）电氢综合利用。电氢综合利用技术有利于提升系统快速响应调节能力，可推动电网与氢网灵活互济，缓解大规模、远距离送电压力，强化城市能源互联网韧性。在局部地区电力负荷大幅增长时，氢能供给路径可重新规划，为发电腾出容量空间。同时，氢能具有跨季节、长时间的储能特性，能够满足新能源跨周、跨季等长周期调节需求。在储能周期和功率容量方面，氢储能相较于传统储能技术具有显著优势。在跨季节调峰、应急备用等充放电循环次数较少、储能时长较长的场景下，氢储能具有明显的成本优势。

当前，电氢综合利用技术主要基于电解水制氢、氢储，以及氢能的应用三个方面。电解水制氢是利用风电、太阳能等可再生能源发电，通过电解水的方式生产无碳排放的绿色氢气，不仅有助于推动氢能经济的发展，还能促进可再生能源的消纳和深度利用。同时，氢储技术是实现电能跨季节长周期、大规模存储的重要手段。通过构建电—抽水蓄能—氢耦合的混合储能系统，可以实现全社会负荷从秒级到季节的输出特性平移与优化。而氢能的应用则涉及将氢气作为能源载体，通过直接燃烧、燃料电池等方式转化为热能、电能或机械能。电氢综合利用技术示意图如图3-2所示。

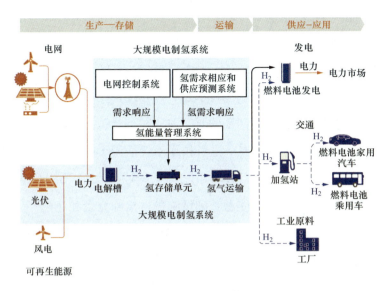

图 3-2　电氢综合利用技术示意图

我国首套百千瓦级电氢双向转换装置在广州投运，该装置能够实现电能和氢能的双向转换，为新型电力系统的构建提供了有力支撑，利用富余电力进行电解水制氢，实现了可再生能源的高效利用和储存，丰富了城市能源的供给形式。

3.3　信息层关键技术

▶ 3.3.1　智能感知技术

（1）数字化测量技术。数字化测量技术是智能感知技术的重要组成部分，涵盖了数据感知、采集、传输、处理、服务等技术。在城市能源互联网中，数字化测量技术通过智能传感器等设备，捕获能源互联网中输配电网、电气化交通网、信息通信网、天然气网等运行状态数据，以及用户侧各类联网用能设备、分布式电源及微电网的运行状态参数。数据经过处理、聚集、分析后，可以为能源互联网的优化提供改进方向，生成控制策略。

城市能源互联网中的数字化测量技术主要包括三维激光扫描技术、测量机器人技术、高精度定位技术（主要通过全球定位系统和北斗卫星导航系统实现）、地理信息系统（geographic information system，GIS）技术、物联网传感器技术、遥感技术等。三维激光扫描技术是一种非接触式的测量方式，它通过测量激光束从发射到被物体反射回来的时间差，并结合镜头旋转角度的测量，可以精确获取物体的三维坐标信息。这种技术不仅适用于静态物体的测量，还可以用于动态物体的跟踪和测量。在城市能源互联网中，三维激光扫描技术可以用于对电力设施、燃气管道等能源基础设施进行精确测量和建模，为后续的运维和管理提供准确的数据支持。高精度定位技术能够实现全球范围内的定位，为测量提供准确的地理位置信息。在城市能源互联网中，高精度定位技术可以用于对能源设施进行精确定位，为后续的运维和管理提供便利。GIS 技术则能够对测量数据进行采集、整理、储存和可视化管理，使得测量结果更加直观易懂。在城市能源互联网中，GIS 技术可以用于构建能源地理信息系统，将各种能源设施的位置、属性等信息进行集成和展示，为决策和管理提供直观的数据支持。

随着城市能源互联网的发展，数据量将呈爆炸式增长，大数据技术能够处理这些海量数据，实现数据的实时采集、存储、分析和管理。人工智能技术的应用，如机器学习、深度学习等，可以进一步提升数据分析的准确性和效率，数字化测量技术未来将与大数据与人工智能的结合深度融合发展，为能源互联网提供更加智能的决策支持。

（2）智能故障诊断技术。智能故障诊断技术巧妙融合了人工智能技术，依托广域测量系统、高效数据采集与智能监控控制系统，实现了对信息的全面搜集与分析。该技术深度挖掘数据中的异常与波动，能够精确判断故障类型及位置，有力保障了城市能源互联网的顺畅运作。相较于传统方法，智能故障诊断技术凭借深度学习等人工智能手段，能够迅速识别故障元件与类型，显著提升了诊断效率与准确性，缩短了故障排查时间。

智能故障诊断技术主要有图像数据故障诊断、基于专家系统的故障诊断技术、基于神经网络的智能故障诊断技术等。图像数据故障诊断主要是通过图像数据及学习功能在多种技术支持之下，进行图像信息和多种数据的综合分析，识别故障类型，确定具体问题。基于神经网络的智能故障诊断技术主要是将采集的数据和现有的故障模式作为样本进行训练，通过映射训练学习数据与模式之间的关系，模拟人的神经思维，其常作为故障诊断的分类器，在故障模式识别领域有广泛应用。基于专家系统的故障诊断技术主要是利用知识从故障征兆到本质进行数学推理，模拟逻辑思维模式，知识库是该方法的关键，具有概念明确、推理路径清晰的特点，但其需要大量的先验知识，推理效率低，在处理复杂的诊断问题时存在搜索速度慢、维度大、实时性差。

随着物联网技术的普及，城市能源互联网中的设备将实现更全面的互联。智能故障诊断技术将充分利用物联网收集的大量实时数据，结合大数据处理技术，进行深度挖掘和分析，以更准确地识别故障模式和预测潜在风险。此外，智能故障诊断技术还会朝着自主化运维和智能化决策支持的方向发展，系统能够自动监测设备的运行状态，及时发现并处理潜在故障，减少人工干预和停机时间，提高能源系统的可靠性和效率，同时，智能故障诊断技术将不仅提供故障识别和定位功能，还将具备智能化决策支持能力。系统能够根据故障类型和严重程度，自动推荐最佳的处理方案或维修策略，帮助运维人员更快速地做出决策。

▶ 3.3.2　信息通信技术

城市能源互联网的控制对象从传统的传输侧延伸到了能源生产侧和消费侧，控制对象的资产归属方也呈多元化趋势。因此，城市能源互联网物理信息系统需要传输的数据量相比传统电力自动化数据的数量有了极大提高，因此对信息通信技术有较高的要求，特别是在信息数据管理、网络通信、信息安全、智能决策等方面进行全面升级。

（1）信息数据管理技术。信息数据管理能够将城市能源互联网中涉及的各类能源数据（如电力、燃气、热能等）进行全面整合，形成统一的数据视图。这使得决策者能够掌握全面的能源供需信息，为制定科学合理的能源政策提供依据。同时，通过对历史数据的挖掘和分析，信息数据管理能够揭示能源消费的趋势和规律，为未来的能源需求预测提供有力支持，这有助于城市提前布局能源设施，优化能源结构，确保能源供应的稳定性和可靠性。

信息数据管理技术主要包含数据仓库与分布式计算、数据分析与预测等技术，数据仓库能够存储和管理海量数据，提供快速的数据查询和分析能力，在城市能源互联网中，数据仓库可以存储来自不同能源系统的数据，为跨系统数据分析和优化提供支持。分布式计算技术能够将大规模计算任务拆分成多个小任务，并在多个计算节点上并行执行。这种技术能够显著提高计算效率，缩短数据处理时间。通过数据分析和预测，可以及时调整发电、输电和配电等各个环节的运行状态，确保电力系统的稳定和安全运行，还可以与其他能源系统（如燃气系统、热力系统等）进行协同控制，实现能源的综合利用和效益最大化。

未来，人工智能（artificial intelligence，AI）和机器学习（machine learning，ML）技术将更深入地融入信息数据管理的各个环节，从数据清洗、数据分析到数据预测，极大地提高数据处理的效率和准确性。同时，将帮助能源系统实现更精准的短时、超短时的负荷预期、新能源预测及风险评估，支持实时数据的快速分析决策，提高决策的时效性。

（2）网络通信技术。网络通信技术能够将城市能源互联网中的各类设备（如智能电能表、分布式能源设备、储能设备等）连接起来，形成一个庞大的智能网络。这些设备通过网络通信技术实现数据通信，将各自的运行数据、状态信息等实时传输到能源管理系统或数据中心，为后续的数据分析、处理和决策提供支持。利用网络通信技术，能源管理系统可以实时监控城市能源互联网中各个设备的运行状态和参数。一旦发现异常或故障，系统可以迅速发出警报，并采取相应的措施进行修复或调整，这种实时监控和故障检测能力对于保障能源互联网的稳定运行至关重要。

第五代移动通信技术（the fifth generation of mobile communication technology，5G）在城市能源互联网中发挥着至关重要的作用，其具有高带宽、低时延、广连接的特点，是构建城市能源互联网的重要基础，5G 技术可以支持大规模设备连接，实现数据的实时传输和高效处理。在能源互联网中，5G 技术可以用于智能电网、分布式能源管理、电动汽车充电网络等领域，提高能源系统的智能化水平和运行效率。以 5G 技术为代表的无线通信技术在城市能源互联网中占据主导地位，但有线通信技术仍然在某些场景下发挥着重要作用。例如，光纤通信技术以其高带宽、低损耗、抗干扰能力强等特点，被广泛应用于能源互联网的数据传输和通信网络中。此外，以太网技术也常用于能源管理系统内部的设备连接和数据通信。

（3）信息安全技术。在城市能源互联网中，信息安全技术的目的是在城市能源互联网内部实现能源节点状态的可信、能源节点的可信接入与数据的传输安全、整个城市能源互联网系统的入侵防御和资源控制。信息安全技术是城市能源互联网中数据安全的重要防线。由于能源互联网涉及大量的数据交换和传输，包括能源生产、传输、消费等各个环节的数据，这些数据往往具有高度的敏感性和重要性。信息安全技术通过加密、签名、访问控制等手段，确保数据在传输和存储过程中的完整性和保密性，防止数据被非法获取、篡改或泄露。

城市能源互联网中的信息安全技术主要有数据加密技术、防火墙技术、漏洞扫描技术等。数据加密技术是信息安全技术的核心之一，它通过对在网络上传输的数据信息进行加密，使得信息在不被破译的情况下进行传输，从而确保敏感数据只能被拥有相应权限的人接受与访问，有效防止数据被恶意截取或泄露，这种技术在保护能源互联网中的数据传输安全方面发挥着至关重要的作用。防火墙技术是加强网络之间访问控制的重要手段，它可以防止外部网络通过非法手段入侵内部网络，为内部网络操作环境提供一道保护屏障，在能源互联网中，防火墙技术可以监控网络存取访问行为，保护用户的内部信息不被盗取或泄露，从而确保系统的安全运行。漏洞扫描与修复技术是保障系统安全的关键措施，计算机系统本身可能存在安全防护系统中的明显缺陷，即漏洞。用户需要定期对系统漏洞进行检查与修复，确保系统补丁及时更新，漏洞及时被修复，以防止计算机通过系统漏洞遭到攻击。在能源互联网中，这种技术对于防范黑客利用漏洞进行攻击具有重要意义。

城市能源互联网中信息安全技术的发展方向将呈现出高度集成化与智能化、持续创新与动态防护、强化隐私保护与数据合规、提升应急响应与恢复能力及构建安全生态系统等趋势。这些趋势将共同推动信息技术安全领域的发展和进步，为城市能源互联网的安全运行提供有力保障。

（4）智能决策与协同技术。智能决策与协同技术是基于大数据和人工智能技术，构建智能决策系统，实现城市能源系统的自动化决策和优化调度，通过信息通信技术实现能源系统内部各单元之间的协同工作，提高能源系统的整体效率和可靠性，能够优化资源配置、提高能源利用效率、增强系统安全性、促进清洁能源发展及实现多能源互补和信息共享与交互等。这些技术的应用将进一步提升城市能源互联网的整体性能和可持续发展能力。

在智能决策方面，主要是利用人工智能、大数据、机器学习等技术，以便在不确定环境下自主地进行决策的技术。其核心是将大量数据转化为有价值的信息，从而支持决策者进行更明智、更准确的决策，可进行智能网格管理等，以实现能源互联网的智能化管理，包括能源调度、负荷控制、分布式能源接入。在多要素协同方面，可将不同类型的能源系统进行整合和优化，以实现能源的高效利用和可持续发展，来实现多能互补、信息交互与共享和跨领域协同。

未来，智能决策与协同技术将更加注重与其他技术的融合创新，如区块链技术、量子计算等，以推动能源互联网向更高水平发展，同时将与交通、建筑、工业等多个领域深度融合，并通过不断优化能源互联网的系统架构和运行机制，提高系统的可靠性和稳定性，此外将涌现出更多新的商业模式和服务形态。

城市能源互联网中智能决策与协同技术的未来发展将呈现技术创新与融合、应用场景拓展、系统优化与升级、政策推动与标准化以及商业模式与服务创新等多个趋势，这些趋势将共同推动能源互联网向更加智能化、高效化和可持续化的方向发展。

▶ 3.3.3 大数据与云计算技术

（1）大数据分析技术。城市能源互联网开放、对等、互联、分享的基本特征决定了其对能量和信息的实时交换要求更高，尤其是分散式能量交换的运行、管理和调度，必须得到实时数据采集、分析和大规模处理的支持，离不开大数据分析技术的应用。大数据分析技术主要包括大数据采集、大数据导入和预处理、大数据分析统计和大数据挖掘等主要步骤，大数据分析流程如图 3-3 所示。

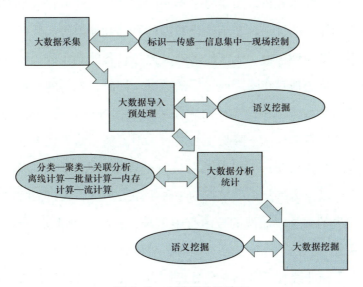

图 3-3 大数据分析流程

大数据技术以"4V"为其主要特点，即数据容量大（volume）、数据类型繁多（variety）、商业价值高（value）、处理速度快（velocity）。此外，大数据还具有价值密度低的特点，即其价值密度远远低于传统关系型数据库中的已有数据。

大数据分析过程为采集导入、预处理、统计分析以及数据挖掘等。首先，大数据的采集离不开因特网和物联网技术，主要技术包括标识、传感和数据集中等。标识技术包括射频识别（radio frequency identification，RFID）、条形码、二维码、生物特征识别（虹膜、指纹、语音）等，其中 RFID 能够在无人参与的情况下进行一定距离内的设备身份识别，可以广泛应用到电力系统中。传感功能一般使用嵌入式传感器，可以形成传感器网络，对影响或反映电网运行状态的各种指标和数据进行采集。采集类型包括状态量、电气量或量测量等，采集结果可以用于数据采集与监视控制（supervisory control and data acquisition，SCADA）系统、广域测量系统（wide area measurement system，WAMS）等监测系统中。

为了实现大数据分析，需要将采集到的数据导入到内存或数据库中，其中涉及格式和标准的统一、非结构化数据的存储和建模等。数据导入还需要进行预处理。受物理环境、天气的影响及监控设备的老化或故障等原因，采集数据中不可避免地存在噪声或错误的数据。同时，恶劣的通信环境也将导致数据的错漏和丢失。因此需要对相关采集数据进行降噪并恢复丢失数据，这一过程又称为数据清洗。降噪主要通过平滑滤波。对平稳系统，高频部分很可能对应着噪声分量，对高频部分进行处理可以有效地减少噪声。同时，平滑滤波也可以作为恢复丢失数据的一种手段。另外，通过内插技术，可以有效恢复丢失的数据。滤波的技术有很多种，包括维纳滤波、卡尔曼滤波、扩展卡尔曼滤波、粒子或粒子群滤波等，分别针对平稳系统、线性或类似线性系统和非平稳非线性系统。系统处理能力越大，滤波估计效果越好，但计算越复杂。对于内插，可以分为线性内插、抛物线内插、双线性内插和其他函数内插等，均基于数据间的相关性假设实现。

大数据统计和分析的具体技术包括分类、聚类、关联等，按照处理的时间特性可以分为离线计算、批量计算、内存计算和流计算等。在数据分析中，经常需要对数据进行分类。大数据分类所采用的算法包括临近算法、支持向量机（support vector machine，SVM）、提升树分类、贝叶斯分类、神经网络、随机森林分类等，分类算法中可以融合模糊理论以提高分类性能。聚类可以理解为无监督的分类，主要使用 k-means 等算法。关联分析是数据分析的主要方法之一，主要基于支持度和置信度挖掘对象之间的关联关系，基本算法包括关联规则挖掘算法和频繁模式增长（frequent pattern growth，FP-growth）等算法。为了适应大数据的特点，Mahout 使用并行计算实现数据挖掘算法，大大减少了计算时延。

大数据分析结果被用于数据挖掘。因为前面的分析仅以数据为中心进行处理，得到的结果不易被人所理解且不一定匹配研究目的，可能会得到无用甚至表面上相反的结果。因此需要人的参与，以数据挖掘目的为指导，对结果进行过滤和提纯，将结果转化为人所能理解的语义形式，最终实现数据挖掘的目的。

（2）云存储技术。城市能源互联网作为一个集能源生产、输送、消费和互动于一体的复杂系统，需要高效、可靠、灵活的数据存储和管理技术来支撑其运行和优化。云存储技术因其高可靠性、可扩展性、高灵活性、成本低、访问便捷等诸多优势，成为城市能源互联网不可或缺的一部分。云存储技术基于分布式存储和虚拟化技术，将数据存储在多个云端服务器上，通过网络进行访问和管理。这种技术将数据分散存储在多个服务器上，不仅提高了数据的可靠性和冗余性，还增强了系统的可扩展性和灵活性。在架构上，云存储通常采用分层架构，包括前端用户接口、数据管理层、存储层和基础设施层，各层之间协同工作，共同提供高效的数据存储和业务访问功能。

云存储技术主要分为对象存储、块存储、文件存储和数据库存储，块存储是一种按照固定大小的块进行存储的云存储方式，类似于传统的磁盘存储方式，块存储为云服务器提供稳定、高效的数据存储服务，支持数据的灵活创建、扩展和迁移。在城市能源互联网中，块存储可以用于存储数据库、日志文件等需要高性能和低延迟访问的数据。此外，块存储还支持数据冗余存储，确保数据的安全性。文件存储是一种类似于传统的文件系统的云存储方式，支持多种操作系统的访问。它为用户提供共享存储服务，支持多用户共享存储空间。文件存储具有高兼容性、共享存储和数据安全等优势。在城市能源互联网中，文件存储可以用于存储共享文档、配置文件等需要多用户访问和共享的数据。这些技术分类各有特点，可以满足不同场景下数据存储和管理的需求。随着技术的不断发展，云存储技术将在城市能源互联网中发挥更加重要的作用。

未来的云存储技术将更加智能化和自动化，通过智能算法和自动化管理，提高存储和访问的效率，并优化资源的利用。同时，随着物联网和边缘计算的快速发展，云存储将与边缘计算相结合，实现数据的近端存储和处理，提高响应速度和降低网络负载。云存储技术也应该将更加注重可持续发展，采用低能耗和环保的存储设备和技术，减少对能源资源的消耗。

▶ 3.3.4 物联网技术

在城市能源互联网中，物联网可通过各种信息传感器、射频识别技术、全球定位系统、红外感应器、激光扫描器等各种装置与技术，实时采集城市中能源生产、传输、分配和消费等各个环节的物体或过程的信息，采集其声、光、热、电、力学、化学、生物、位置等各种需要的信息，并通过各类可能的网络接入，实现物与物、物与人的泛在连接，以及对物品和过程的智能化感知、识别、监控和管理。物联网可为城市能源互联网进行实时监测、智能控制、故障预警、数据分析，让所有能够被独立寻址的普通物理对象形成互联互通的网络，以实现能源系统的智能化感知、识别、监控和管理。

　　构建城市能源互联网的物联网，需要利用 RFID 技术、人工智能技术、智能电网技术等。RFID 技术通过无线电信号识别特定目标并读取相关数据，无须人工干预即可实现自动识别和数据采集。在城市能源互联网中，RFID 技术可以用于能源设备的标识、追踪和管理。人工智能技术包括机器学习、深度学习等算法，可以实现对数据的智能分析和决策。在城市能源互联网中，人工智能技术可以用于能源设备的故障诊断、预测性维护等场景。智能电网技术通过物联网技术实现电网的实时监测、智能调度和故障快速恢复，确保电网的安全稳定运行。同时，智能电网技术还可以实现可再生能源的无缝接入和优化利用。这些技术的应用将推动城市能源互联网向更加智能化、高效化和可持续化的方向发展。

　　未来，边缘计算将推动物联网设备更高效地进行数据分析和决策，提升能源系统的实时响应能力；物联网设备的标准化和互操作性将成为重要的发展方向，有助于推动能源系统的智能化管理和优化；随着全球能源消费的不断增长和能源结构的转型，物联网在城市能源互联网中的应用需求将持续增长，预计未来几年，物联网在城市能源互联网中的市场规模将持续扩大，成为全球物联网市场的重要组成部分，物联网设备将采用更强大的加密技术和安全协议来保障数据传输和存储的安全性。随着技术的不断进步和应用需求的增长，物联网将推动城市能源互联网向更加智能化、高效化、安全化和标准化的方向发展。

3.4　价值层关键技术

▶ 3.4.1　区块链技术

　　区块链技术的去中心化、匿名、可追溯等特性较好地匹配了能源互联网在准确计量、广域多源合作、智能控制和开放式交易等方面的发展需求。在这种情况下，将区块链应用于城市能源互联网，建立一个基于共识机制的分布式交易平台。参与者可以在区块链中查询交易数据，保证整个平台的透明性。此外，系统中的数据也会受到加密算法和分布式数据存储的保护。区块链中的共识机制、加密算法、智能合约、分布式数据存储等关键技术可以解决能源互联网建设中新人机制确实、交易信息不透明、交易效率低下等难点问题，因此区块链技术是城市能源互联网实现能源全生命周期可信、可追踪的重要技术手段。典型基于区块链的点对点（point to point，P2P）能源交易架构如图3-4所示。

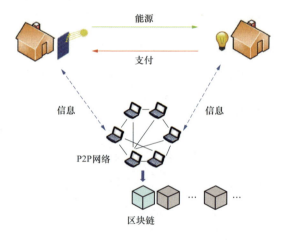

图 3-4　基于区块链的 P2P 能源交易架构

区块链技术集成了分布式账本技术、加密技术、共识机制、智能合约、P2P 网络等计算机技术，目前尚处于探索和研究阶段。尽管存在着可靠、安全性不足，运维成本高昂，存储成本高，标准化和监管机制有待完善等问题，国内城市能源互联网领域也做了积极的尝试，搭建了基于区块链的能源行业数字低碳供应链集成服务平台。平台将区块链的共识机制、不可复制、不可篡改的特性创新性地运用到能源电力供应链生态体系中，实现了数据共享和匹配，以及信用价值的共享，为能源电力领域上、下游供应链生态主体提供了能源供应链全生命周期追溯、电厂燃料数据监管、碳足迹跟踪等特色服务，提高了供应链管理效率，此外，平台还实现了碳排放数据的全过程闭环链上管理，促进了产业链绿色低碳转型。

城市能源互联网将更加广泛地运用区块链技术，其可以解决城市能源互联网中的信任问题，使得能源系统的发展更加透明、公正，通过区块链技术，能源交易可以实现去中心化、可追溯和防篡改，保障交易双方的权益，能源系统可以实现对供应链中各环节的实时监控和数据分析，提高供应链的透明度和效率。人工智能技术在城市能源互联网中的应用也将更加深入，从语音识别、图像识别到自然语言处理等领域都将得到广泛应用。

未来，区块链技术和大数据、云计算、人工智能等先进技术进行深度融合和协调发展，有利于提高城市能源互联网的信息化、数据化水平；可以将信誉机制引入区块链系统，用于实现委托共识，通过减少共识参与者的数量，显著降低消息复杂性，减少实现共识的消息传输次数和资源消耗。同时，结合密码学等领域的一些隐私保护技术来解决用户的隐私保护问题，提高数据的安全性和保密性。

▶ 3.4.2 能源交易平台技术

能源交易平台是在能源互联网环境下，直接或通过媒介交换各种能源交易品种的生产、传输、分配、存储和转换协议，实现能源交易品种生产与消费间达成交易的开放式交易平台。为能源互联网交易相关的用户管理、数据申报、能源交易、合约管理、能源结算、能源分析、信息披露、系统管理等环节提供全过程在线运作的平台支持，具备交易数据可信存储能力，支持交易数据追溯及与上、下级交易平台的数据交互，并能对信息发布流程及日志信息进行监视管理；具备满足市场规则需求的信息披露能力，通过信息发布渠道，实现市场信息及成员信息披露，满足信息披露的时效性、完整性和可追溯性要求。能源互联网交易平台功能架构如图 3-5 所示。

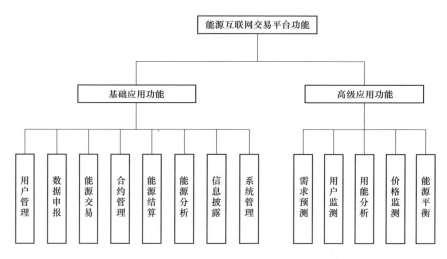

图 3-5　能源交易平台功能架构

当前，能源交易平台的核心技术主要包括区块链技术、智能合约、数据加密与安全防护技术，以及数据库、前端与后端开发等支持平台运行的其他相关技术。在近五年涌现出了许多典型案例，如 2020 年 12 月 11 日，粤港澳大湾区国际能源交易中心建设的服务全球能源机构交易的"大洋能源商城"试运行。粤港澳大湾区国际能源交易中心是由中国产业海外发展协会、中国石油流通协会、欧美同学会企业家联谊会等支持设立的国际化能源交易平台，支持开展原油、天然气、煤炭、成品油、燃料油等 10 余个品种的现货交易。该交易中心的成立，进一步推动了粤港澳大湾区的能源市场开放和国际化进程。2023 年 10 月 26 日，国网数字科技控股有限公司的"能源工业云网"项目入选"2023 能源互联网最佳实践案例"。能源工业云网将物理电网与数字电网深度融合、双向赋能，是面向行业上、下游的能源互联网运营平台。该平台旨在满足能源行业上、下游发展与能源电力市场业务拓展诉求，形成源网荷储分布式资源要素良性互动模式，助力推动"源网荷储"协同互动、新型电力系统高质量建设。

　　未来，能源交易平台将更加关注绿色能源交易和碳排放权交易。随着全球对环保和可持续发展的重视，绿色能源交易将成为能源交易平台的重要发展方向，平台也将更多地关注可再生能源的交易，如太阳能、风能等，推动绿色能源的发展和利用。同时，碳排放权交易将成为能源交易平台的重要组成部分。通过碳排放权交易，可以推动企业和个人减少碳排放，促进低碳经济的发展。此外，能源交易平台的未来发展趋势将呈现数字化转型与技术创新、合规化与监管加强及综合能源服务与生态系统构建等特点。这些趋势将推动能源交易平台不断创新和发展，为能源产业的转型升级和可持续发展做出重要贡献。

▶ 3.4.3　需求响应和虚拟电厂技术

　　需求响应和虚拟电厂都旨在优化电力系统的运行状态，提高能源利用效率，促进电力供需平衡，并保障电网的稳定运行。虚拟电厂通过整合和管理分布式能源资源，如可控负荷、新型储能、分布式新能源等，形成一个特殊的"电厂"参与电力市场交易和电网运行。需求响应是虚拟电厂发展的基础，通过引导负荷侧用户调节自身的用电负荷，响应电力供应的变化。

　　（1）需求响应。需求响应一般指用户根据市场价格变化或响应系统运营商发出的激励信息，调整用电模式而获得利益的行为。电力系统的核心目标在于满足用电需求，电源规划和电力系统运行管理都需要基于一定的负荷需求曲线，而提前部署和调度需求侧资源能够一定程度上引导用户行为，优化负荷需求曲线，降低电力供应难度和成本。具体而言，设计合理的电价机制及提倡节能高效的生活方式等措施都能够引导负荷用户改变用电行为、自发优化负荷曲线，在电力规划和运行管理之前或期间减少部分峰谷差、平滑和整体降低负荷曲线，使得电力系统灵活性需求减少，继而在运行管理时安排可调用需求侧资源参与调节，多环节、多层次通过需求侧管理降低电力安全稳定运行的难度和成本。需求侧管理可以通俗地表达为负荷需求自身的难题和问题先部分通过自我解决，其余通过电力供应满足，需求侧资源优化负荷曲线示意图如图 3-6 所示。

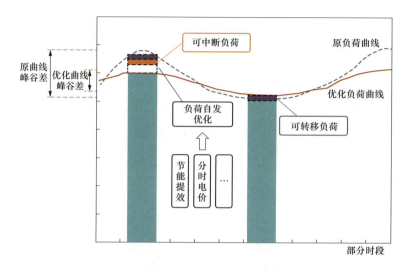

图 3-6 需求侧资源优化负荷曲线示意图

我国开展了大量与需求响应相关的理论研究与实践，根据激励方式可分为价格型、激励型和政策型。

价格型需求响应通常是非自愿的，如分时电价、实时电价、尖峰电价等。市场价格变化引导用户控制电力成本而调整用电计划，转移高峰时段负荷到非高峰时段，降低系统的峰值需求，并产生相当多的低谷填充。

激励型需求响应通常是自愿的，典型的激励型需求响应有可中断负荷、直接负荷控制、需求侧竞价等。运营商发布需求响应激励信息，用户根据激励信息调整其电力消耗，以获得直接补偿或优惠价格。

政策型需求响应是中国电力市场发展进行的重大理论和实践创新，如有序用电，其典型特征是强制性，通常用法律、行政、经济、技术等手段实现，如错峰用电、限制供电和紧急切换等，避免非计划停电。

未来需求响应应该在合理制订补贴或优惠价格机制、制订科学响应评价指标体系、探索空调 / 充电桩 / 储能等商业模式的资源聚合能力和盈利方式、将需求响应纳入市场竞争、优化市场主体的成本分摊义务与利益奖惩分配等方面进一步深化研究。

（2）虚拟电厂技术。城市能源互联网中存在大量的分布式电源、电动汽车等分布式资源，虚拟电厂作为一种区域性多能源聚合模式，能够提高能源系统的灵活性和响应速度，促进可再生能源的接入和消纳，优化资源配置和降低运营成本，在城市能源互联网中发挥着至关重要的作用。

虚拟电厂的概念最初于 1997 年由西蒙·阿沃布奇（Shimon Awerbuch）提出，21 世纪初在德国、英国、法国和荷兰等欧洲国家兴起。虚拟电厂的核心可以归纳为"通信"和"聚合"，其通过先进信息通信技术和软件系统，实现分布式发电、储能系统、可控负荷和电动汽车等分布式资源的聚合和协调优化，并作为一个特殊电厂参与电力市场和电网运行。虚拟电厂具备传统电厂的基本功能，但也存在以下区别：①虚拟电厂不是物理存在的电厂，而是一种资源管理手段；②虚拟电厂的能量流动是双向的，既可以送电又可以受电；③虚拟电厂的负荷特征是动态可调整的，要求负荷端去适应电网。虚拟电厂的关键技术主要包括智能计量技术、信息通信技术及协调控制技术。

虚拟电厂通信、控制的基础是快速可靠的计量，智能计量技术主要包括自动抄表技术、智能计量管理技术和数字孪生技术等。为了实现对各分布式资源运行状态的实时监控和运行数据的快速汇聚，先进成熟的信息通信技术是虚拟电厂必不可少的重要元素之一。该技术需要在虚拟电厂控制中心与各个单元之间建立双向通信通道，从而实现计量、监测和控制数据的实时传输。通信性能是虚拟电厂实现安全可靠控制的基础，非理想的通信条件将会造成严重的经济损失，甚至危害系统运行安全。为了满足虚拟电厂通信的高性能要求，其关键技术主要包括边缘计算、云计算、设备到设备通信和时延控制技术等。随着通信关键技术研究的不断提升，虚拟电厂的整体协调性也将得到改善，从而能够实现更优的调度决策。

根据电源组成方式与运行模式的差异，虚拟电厂的控制模式可以分为集中式控制、集中—分散式控制和完全分散控制 3 种。集中式控制模式指虚拟电厂内部的控制中心掌握所有分布式资源的数据信息，对所有资源进行调度控制。集中式控制模式下，虚拟电厂的调控能力强、控制手段灵活，但也因通信流量集中、计算复杂度高导致虚拟电厂兼容性与拓展性较差。集中—分散式控制模式一定程度上缓解了集中式控制模式下的数据拥堵和计算困难的问题，通过将虚拟电厂控制中心的一部分功能下放到本地控制中心实现分层控制，虚拟电厂控制中心负责虚拟电厂整体任务的制订和分解，而本地控制中心侧重于制订每一个单元的调度指令。完全分散控制模式指虚拟电厂不再拥有单独的控制中心，而是被划分为多个子系统，子系统可以根据内部运行情况，自行对本系统内分布式资源进行调度分配，同时各子系统之间需要通过信息通信技术进行相互通信，实现各子系统之间的协作运行。这种控制模式使得虚拟电厂具有很好的可扩展性，但需要其子系统具备协调管理、故障响应与诊断能力，对虚拟电厂通信和控制都有更高的要求。

▶ 3.4.4 增值服务技术

增值服务技术在城市能源互联网系统中扮演着至关重要的角色，它不仅提升了能源系统的运营效率和灵活性，还增强了城市在能源转型过程中的适应能力，推动了可持续发展。增值服务技术通过创新的智能化解决方案，提供了对传统能源供应和消费模式的优化和扩展。

增值服务技术是一系列旨在提升用户能源使用效率和降低能源成本的服务集合。这些服务通过智能化、个性化的手段，为用户提供全面的能源管理支持。

（1）定制化能源服务。定制化服务根据用户的特定需求和行业特点，提供量身定制的能源解决方案。能够根据用户能源使用情况的变化进行调整和优化。通过满足用户的个性化需求，增强用户对能源服务的信任度和满意度，有助于实现能源资源的精准匹配和高效利用。

（2）能源账单。能源账单可以为用户提供详细的能源使用账单，包括各类能源的消耗量和费用。通过历史数据对比，帮助用户了解能源使用趋势和成本结构。通过账单信息，用户可以更加直观地了解自己的能源使用情况和成本支出，从而增强节能意识。同时，为能源管理者提供数据支持，有助于制订更加科学合理的能源使用计划。

（3）需量分析。需量分析需要实时监测和分析用户的能源需求，包括高峰需求、低谷需求等。同时，基于历史数据，对未来的能源需求进行预测。通过需量分析，可以及时优化能源供应，调整能源供应策略，避免能源浪费和短缺。通过精准预测能源需求，有助于电网调度部门更好地平衡供需关系，提升电网运行的稳定性。

（4）能耗监控。能耗监控需要全面、实时监测用户的各类能源消耗情况，包括电力、燃气、水等，并通过高精度传感器和数据分析技术，确保能耗数据的准确性。通过能耗监控，可以及时发现能源浪费现象，并采取相应的节能措施。并为节能项目的实施提供数据支持，有助于评估节能效果。

（5）节能建议。节能建议基于用户的能源使用数据和需量分析结果，提供个性化的节能建议，具有明显的针对性、可操作性和实用性，易于用户实施。通过实施节能建议，用户可以显著降低能源消耗和排放，为环境保护做出贡献。节能建议有助于用户优化能源使用方式，提高能源利用效率。

可见，增值服务技术通过智能化、个性化的手段，为用户提供全面的能源管理支持。这些技术在能源互联网中发挥着重要作用，不仅有助于提升用户满意度和能源利用效率，还能促进能源市场的竞争和创新，推动能源行业向更加智能化、可持续化的方向发展。

未来，增值服务技术的发展将注重技术创新和模式创新的并重。技术创新将推动能源设备的智能化和能源管理流程的优化；而模式创新则将推动城市能源互联网企业的商业模式和服务形态的创新。例如，通过引入共享经济、按需服务等新型商业模式，可以为用户提供更加灵活、个性化、低碳的能源服务。同时，通过跨界合作和生态共建等方式，可以拓展能源互联网企业的业务领域和市场空间。

参考文献   🔍

［1］　王璐洋，赵倩宇，王守相．考虑灵活性的交直流配电网多时间尺度分布式优化运行调度策略［J/OL］．电力系统及其自动化学报，1–11［2024–09–15］.https://doi.org/10.19635/j.cnki.csu–epsa.001512.

［2］　张兴，战祥对，吴孟泽，等．高渗透率新能源发电并网变流器跟网／构网混合模式控制综述［J/OL］．电力系统自动化，1–15［2024–09–15］.http://kns.cnki.net/kcms/detail/32.1180.TP.20240704.1239.004.html.

［3］　何湘宁，李武华，罗皓泽，等．支撑能源高效转换和高质调控的电力电子技术［J］．中国科学：技术科学，2023，53（10）：1674–1686.

［4］　彭创．电能存储与转换技术研究的机遇与挑战［J］．武汉大学学报（理学版），2023，69（04）：417–418.

［5］　刘伟，刘苑红，孟晓丽，等．区域能源互联网综合评价指标体系与方法研究［C］//国家电网有限公司．国家技术标准创新基地（智能电网）雄安新区能源互联网标准化试点论文集．中国电力科学研究院有限公司；国网上海能源互联网研究院有限公司；国网河北省电力有限公司雄安新区供电公司，2023：9.

［6］　周颖，龚桃荣，陈宋宋，等．面向新型电力负荷管理的分层分区动态调控架构展望［J］．电力信息与通信技术，2023，21（04）：51–58.

［7］　刘自发，谭雅之，李炯，等．区域综合能源系统规划关键问题研究综述［J］．综合智慧能源，2022，44（06）：12–24.

［8］　王继业，蒲天骄，仝杰，等．能源互联网智能感知技术框架与应用布局［J］．电力信息与通信技术，2020，18（04）：1–14.

［9］　文云峰，杨伟峰，汪荣华，等．构建100%可再生能源电力系统述评与展望［J］．中国电机工程学报，2020，40（06）：1843–1856.

［10］宫飞翔，李德智，田世明，等．综合能源系统关键技术综述与展望［J］．可再生能源，2019，37（08）：1229-1235．

［11］周敬东．城市能源互联网的技术架构及在厦门市的实践探索［J］．电力系统保护与控制，2019，47（12）：165-176．

［12］郝然，艾芊，朱宇超．基于多智能体一致性的能源互联网协同优化控制［J］．电力系统自动化，2017，41（15）：10-17+57．

［13］洪居华，刘俊勇，向月，等．城市能源互联网初步认识与研究展望［J］．电力自动化设备，2017，37（06）：15-25．

［14］张斯棋．基于深度学习的电力负荷预测方法研究［J］．现代工业经济和信息化，2024，14（08）：127-128．DOI：10.16525/j.cnki.14-1362/n.2024.08.044．

［15］叶高翔，杨洁，程波，等．基于神经网络的新能源发电功率预测分析［J］．电子技术，2023，52（03）：386-387．

［16］孟秋，廖凯，郑舜玮，等．考虑灵活性区域互济的电力系统源—网—储协同规划［J］．电网技术，2024，48（08）：3165-3174．

［17］陈培培，蒋雯佳，周瑜健，等．考虑综合能源系统中不确定性因素的建模研究［J］．科技创新与应用，2022，12（31）：25-29．

［18］盛煊，林舜江，梁炜焜，等．考虑灵活性的城市综合能源系统区间优化调度［J/OL］．中国电机工程学报，1-12［2024-09-18］．https://doi.org/10.13334/j.0258-8013.pcsee.240167．

［19］应雯棋．能源互联网：趋势与关键技术［J］．国际融资，2020，（02）：30-32．

［20］邹维福，王阳谦，王成楷，等．区块链技术在能源互联网中的应用研究进展［J］．重庆理工大学学报（自然科学），2024，38（08）：208-218．

［21］姚悦，吕昊东，彭雪婷，等．全球碳管理发展态势与技术前沿进展［J］．洁净煤技术，2024，30（10）：32-40．

［22］吴晓刚，唐家俊，吴新华，等 ."双碳"目标下虚拟电厂关键技术与建设现状［J］.浙江电力，2022，41（10）：64–71.

［23］徐涛，王樊云 .电力需求响应实施现状综述及展望［J］.分布式能源，2024，9（03）：1–11.DOI：10.16513/j.2096–2185.DE.2409301.

［24］高洁，王彤，赵伟，等 .提升电力系统安全稳定水平的风电光伏场站主动支撑技术发展及展望综述［J］.新型电力系统，2024，2（02）：201–222. DOI：10.20121/j.2097–2784.ntps.240013.

［25］龚钢军，高爽，陆俊，等 .地市级区域能源互联网安全可信防护体系研究［J］.中国电机工程学报，2018，38（10）：2861–2873+3137. DOI：10.13334/j.0258–8013.pcsee.171661.

［26］高爽 .主动配电网信息安全防护关键技术研究［D］.北京：华北电力大学（北京），2018.

［27］曹军威，袁仲达，明阳阳，等 .能源互联网大数据分析技术综述［J］.南方电网技术，2015，9（11）：1–12. DOI：10.13648/j.cnki.issn1674–0629.2015.11.001.

［28］辛培裕 .太阳能发电技术的综合评价及应用前景研究［D］.北京：华北电力大学，2015.

第**4**章

城市能源互联网的
核心装备

4.1 城市能源互联网核心装备的功能要求

在面临着日益增长的能源需求和环境保护的双重挑战下，未来城市能源互联网装备的角色显得尤为重要。这些装备需要不仅满足传统的能源供给需求，还要具备高效、智能和环境友好等多样化功能，以适应复杂多变的能源管理环境。随着科技的进步和能源结构的转型，未来的城市能源互联网装备将成为实现能源高效利用、保障能源安全、促进环境可持续发展的关键。这些装备需要整合最新的技术，如智能控制系统、高效能源转换和存储技术、可再生能源集成技术等，以实现对城市能源的优化管理和高效利用。

此外，城市能源互联网装备的设计还应考虑用户友好性、安全性和兼容性等方面，以适应城市多元化的应用场景和需求。通过这些先进装备的应用，未来的城市能源互联网将能更加智能和高效地管理能源，为实现更加绿色、可持续的城市发展奠定基础。

▶ 4.1.1 高效能源管理

高效能源管理作为未来城市能源互联网装备的核心功能，关键在于实现能源的智能化调配和优化使用。这一功能涉及从电力生成、传输到最终消费各个环节的综合管理，目的是最大化能源利用效率，同时减少能源浪费。

高效能源管理需要借助先进的信息技术和自动化系统，实时监控能源需求和供应情况，以及相关的市场动态。这不仅包括对传统能源如电力和天然气的管理，还要涵盖可再生能源，如太阳能和风能的集成。通过对这些数据的分析和处理，智能系统能够预测能源需求的变化，自动调整能源供应，优化电网的负荷分配，从而提高整个系统的效率和响应能力。

此外，高效能源管理还意味着能够在需求高峰期间有效减少电网负荷，比如通过需求响应管理（demand response management，DRM）鼓励消费者在非高峰时间使用电力，或通过储能设备在低需求时储存能量，待高峰期再释放。这种管理方式不仅提高了能源的使用效率，还有助于减少对电网的压力，提高电网的稳定性和可靠性。

高效能源管理是一个复杂且动态的过程，它要求装备具备智能化、自动化和高度集成的特点，能够适应不断变化的能源需求和供应情况，从而确保能源系统的高效、稳定和可持续运行。

▶ 4.1.2 多源融合优化

多能源融合与优化是未来城市能源互联网装备的关键功能之一，其核心在于有效整合和管理城市中各种不同形式的能源，如电能、热能、气能以及来自可再生资源的能量等。这种融合不仅仅是物理层面的集成，更是涉及高级的能源管理和优化策略，以实现能源的最优配置和使用。

在多能源融合的框架下，城市能源互联网需要具备对各种能源形式进行高效转换和调配的能力。例如，通过热电联产（combined heat and power，CHP）系统将电力和热能的生产结合起来，或者使用电力将风能和太阳能转化为便于储存和传输的形式。这种跨能源形态的转换和利用，不仅提高了能源的整体利用率，也增强了能源供应的灵活性和可靠性。

此外，多能源融合与优化还涉及智能化的能源调度和管理。这需要装备有能力通过先进的信息通信技术（information and communication technology，ICT）实时监控和分析各种能源的生产、存储和消费情况。基于这些信息，系统可以自动调整能源的供应和分配，确保在不同时间和不同地点根据需求优化能源的使用。比如，在可再生能源产出高时，优先使用这些绿色能源，同时减少传统能源的使用。

多能源融合与优化不仅是技术上的挑战，也是对现有能源管理方式的革新。它要求城市能源互联网装备能够处理和协调多种能源形态，通过智能化的管理提高能源使用的效率和可持续性，从而支持构建更为高效、灵活和环境友好的城市能源系统。

▶ 4.1.3　可再生能源集成

可再生能源集成是未来城市能源互联网装备的一项核心功能，旨在将可再生能源资源如太阳能、风能和水能等有效地融入城市的能源系统中。这种集成不仅有助于减少对化石燃料的依赖，降低环境污染和温室气体排放，而且能提高整个能源系统的可持续性和抗风险能力。实现可再生能源的有效集成需要解决几个关键问题，首先是间歇性和不可预测性的挑战，因为像太阳能和风能这样的资源受天气和季节变化的影响较大。为此，城市能源互联网装备需要包括高效的能源储存系统，如电池储能，以便在可再生能源产出较低时继续提供稳定的能源供应，这也涉及需要更加智能和灵活的能源管理系统，以实时监控和预测可再生能源的输出，并据此调整能源分配和使用。

此外，可再生能源集成还需要考虑与现有能源基础设施的兼容性和互操作性，这意味着需要设计能够无缝连接传统电网和各种可再生能源发电设施的系统，以及能够处理不同能源类型的转换和分配的设备。例如，将太阳能光伏板或风力发电机产生的电力有效地融入城市电网，同时确保电网的稳定性和安全性。

可再生能源集成还可以扩展到用户层面，鼓励和支持家庭及企业安装、使用自己的可再生能源生成系统，如屋顶光伏，并将多余的能源反馈给电网，从而形成一个更为分散和多元化的能源生产和消费模式。

可再生能源集成是未来城市能源互联网的关键方向之一，它要求装备不仅具备高效的能源储存和管理能力，还需要具备与各种可再生能源技术兼容并有效协同工作的能力，以实现可持续、高效和清洁的能源供应。

▶ 4.1.4 智能监控与调度

　　智能监控与调度是未来城市能源互联网装备的重要功能，关键在于利用先进的信息技术来优化能源系统的运行效率和可靠性。这一功能涉及实时数据收集、处理与分析，以及基于这些数据的智能决策和自动控制，旨在实现对整个能源系统的高效管理。

　　在智能监控方面，系统需要部署各种传感器和监测设备，这些设备能够实时收集关于能源生产、传输、存储和消费的数据。这些数据包括但不限于电力流量、负载需求、设备状态等。通过收集这些信息，系统能够对整个能源网络的性能进行全面的监控，从而及时发现和解决问题，如能源供应中断、设备故障或效率低下等。

　　在调度方面，智能监控与调度功能利用收集到的数据通过先进的数据分析技术和控制算法，自动调整能源系统的运行。例如，根据预测的能源需求和供应情况，系统可以自动调节发电量、重新分配能源资源，或者调整能源存储设备的使用，以最大化能源利用效率和满足不断变化的需求。这种智能控制还包括对设备的维护和优化操作，如预测性维护，以减少意外停机和提高设备寿命。

　　此外，智能监控与调度还应具备一定的学习和自适应能力，使系统能够根据历史数据和持续的性能监测来优化其控制策略，从而在不断变化的环境和条件下维持最优的运行状态。

　　综上所述，智能监控与调度功能是城市能源互联网装备的核心，通过实时的数据监测、分析和自动化控制，它不仅提高了能源系统的效率和可靠性，还使能源管理变得更加灵活和智能，从而为城市提供更加稳定和高效的能源服务。

▶ 4.1.5　安全可靠

安全与可靠性在未来城市能源互联网装备的功能中占据着至关重要的地位。这不仅关乎保护系统免受物理或网络攻击的影响，也关系到确保能源供应的连续性和稳定性，是整个能源系统信赖度的基石。

首先，安全性涉及预防任何可能导致系统故障或数据泄露的风险。这包括但不限于加强对网络攻击的防护，例如通过先进的加密技术和防火墙来保护系统数据和操作的安全。同时，物理安全措施也不容忽视，如对关键基础设施进行适当的加固，以防止自然灾害或人为破坏行为对系统造成损害。

其次，可靠性意味着系统能够在各种条件下稳定运行，即使面临极端天气、设备故障或其他意外情况时也能保持运作。这要求系统设计时就要考虑到冗余和鲁棒性。例如，通过建立多条能源供应路径和备用系统，即使主要供应线路出现问题，也能迅速切换到备用系统，确保能源供应的连续性。

在保障安全与可靠性的过程中，实时监控和预警系统扮演着关键角色。通过对能源系统的持续监控和分析，可以及时发现并响应潜在的风险和故障，从而提前采取措施防止事故发生。此外，定期的系统维护和检查也是保持系统可靠性的重要环节，以确保所有设备和组件都处于最佳运行状态。

安全与可靠性是城市能源互联网装备的基本要求，它们保证了能源系统不仅能够抵御外部威胁，同时也能在各种挑战面前保持稳定和高效的运行，为城市提供持续可靠的能源供应。

▶ 4.1.6　互联互通

互联互通是未来城市能源互联网装备中一个至关重要的功能，它涉及不同能源系统、设备和服务之间的无缝连接和协同工作。在一个高度互联的能源网络中，互联互通不仅意味着物理连接的实现，更包括数据、信息和控制指令的有效交换。

首先，互联互通功能使不同能源和存储系统，如太阳能、风能、热能及电池存储等，能够高效地集成和协同工作。这种集成确保了能源的流动和转换可以根据实时需求和供应情况自动调节，大大提高能源利用效率和系统的灵活性。例如，当风能产生的电力过剩时，系统可以自动将多余的能量转移到电池存储中，或者调整到其他需要更多能源的区域。

其次，互联互通功能还涉及与城市基础设施的整合，如智能建筑、交通系统以及其他公共服务。通过这种整合，能源系统能够更加智能地响应城市的整体需求，如在建筑物内部根据使用情况自动调节能源使用，或者在交通高峰期为电动车辆提供更多的充电能力。

此外，互联互通还意味着各个系统之间的数据共享和信息流通。通过高效的数据交换和通信协议，不同的能源设备和管理系统可以实时共享关键信息，如能源消耗数据、天气预报、设备状态等。这些信息的共享对于预测能源需求、优化资源分配和提高应急响应能力至关重要。

在技术层面，实现互联互通需要依靠高级的通信技术、标准化的数据协议和兼容性强的接口设计，这不仅要求现有设备和系统具备足够的灵活性和扩展性，也对未来的技术发展提出了挑战，要求能够持续适应新的标准和技术的演进。

互联互通在城市能源互联网中扮演着至关重要的角色，它不仅提升了能源系统的整体效率和响应能力，也为实现更加智能、可持续和高效的城市能源管理奠定了基础。

4.1.7 用户参与与交互

用户参与与交互在未来城市能源互联网装备中扮演着关键角色，这一功能的核心在于赋予终端用户更大的控制权和参与度，从而实现更加个性化和高效的能源管理。通过这种互动，用户不仅成为能源消费的被动接受者，还可以作为积极的参与者影响整个能源系统的运行。

首先，用户参与意味着他们可以直接影响能源的使用和管理。例如，通过智能家居系统，用户可以根据自己的需求调节家中的能源使用，如调整供暖、照明和电器的运行。在更高级的应用中，用户甚至可以根据实时能源价格或供应情况来计划和调整自己的能源消费，以此来减少费用和提高能源使用效率。

进一步地，用户交互还涉及用户作为能源生产者的角色。在分布式能源系统中，用户可以通过安装太阳能板或风力发电机等设备，将自家转化为小型能源生产站。这不仅帮助他们自给自足，还可以将多余的能源回馈到电网中，实现能源共享。

此外，用户参与与交互还包括提供反馈和建议给能源服务提供商。通过用户界面，如移动应用或在线平台，用户可以轻松访问自己的能源使用数据，进行能源消费分析，甚至参与到能源系统的优化和改进过程中。这种双向沟通不仅提高了用户的满意度，也为能源供应商提供了宝贵的数据和洞察，有助于他们更好地理解和满足用户需求。

用户参与与交互功能在城市能源互联网中至关重要，它不仅提升了用户的能源管理体验，也促进了能源系统的优化和高效运行。通过这种互动，用户能够更加积极地参与到能源系统的运行中，共同推动着向更加智能、可持续的能源未来迈进。

▶ 4.1.8　环境友好与可持续性

环境友好与可持续性在未来城市能源互联网装备的功能中占据着核心地位，这一功能的重点在于减少能源系统对环境的负面影响，同时促进长期的可持续发展。在面对全球气候变化和环境恶化的挑战时，这一功能显得尤为重要。

首先，环境友好意味着在能源的生产、传输和消费过程中尽可能减少污染物和温室气体的排放。这包括更广泛地采用清洁和可再生能源资源，如风能、太阳能和水能，以及提高能源效率，从而减少对化石燃料的依赖。例如，城市能源互联网中的装备可以通过优化能源配置和提高能源使用效率，来减少碳足迹和其他有害排放。

其次，可持续性关注的是确保能源系统的长期稳定和耐用性，避免未来资源枯竭或环境损害。这涉及在设计和运营能源系统时采用可持续的方法和材料，如使用长寿命和可回收的组件，以及考虑在整个系统的生命周期内的环境影响。例如，城市能源互联网装备可以通过实施生命周期评估（life cycle assessment，LCA）和采用环境影响较小的材料和技术，来提高系统的整体可持续性。

此外，环境友好与可持续性还包括对生态系统的保护和恢复。这意味着在规划和建设能源设施时，需要考虑到对当地生态环境的影响，并采取措施减少这种影响。例如，通过合理规划风电场的位置，以避免对鸟类迁徙路径的干扰，或者在建设水电站时考虑对水生生态系统的影响。

总体而言，环境友好与可持续性不仅是一种技术目标，更是一种对未来负责的态度。通过在城市能源互联网中实现这一功能，可以确保能源系统既能满足当前的需求，又不会损害后代的福祉，为实现更加绿色、可持续的城市发展奠定基础。

4.2 城市能源互联网平台与装备

随着能源结构的转型和城市电力系统的智能化发展，城市能源互联网的核心设备正逐步成为构建未来能源体系的关键基础。为了实现高效、灵活、安全的能源供应与管理，本节将探讨城市能源互联网核心设备的未来发展方向，从基础设施到先进的智能化支持，逐步分析不同类型的关键装备及其作用。

配电物联网装备是整个城市能源互联网构建的基石，能够实现配电设备的互联互通，形成信息化和数字化的基础架构。在此基础上，交直流混合配电装备进一步推动电力系统的高效调度和多种能源形式的深度融合，以提升整体的能源利用效率。

在配电网络的基础之上，移动储能装备作为系统的灵活性支持，能够应对负荷波动和突发情况，为城市能源网络提供稳定的支撑。此外，综合能源需求响应装备则通过优化能源需求，实现负荷与供给的更好平衡，提高能源系统的经济性和可持续性。

为进一步提升能源互联网的协作与管理能力，本节将讨论虚拟电厂系统，旨在将分布式能源、负荷和储能设备有机整合，实现资源的协调优化调度。在整个能源系统中，人工智能装备为系统的预测、控制和优化提供了强有力的支持，推动能源互联网的智能化转型。

最后，城市能源互联网的安全性至关重要，因此信息安全防护装备作为保障措施，确保整个系统在高度互联的环境下能够抵御网络攻击，保障能源的安全供应与信息流的可靠性。

▶ 4.2.1　城市能源互联网平台

随着城市能源互联网的快速发展，平台及系统的角色愈发重要，它们不仅是能源管理和控制的基础设施，还承担着促进城市能源结构转型、提升能源利用效率的关键作用。在这一背景下，城市能源互联网平台及系统的建设成为城市能源系统智能化、集成化、可持续化发展的重要抓手。

城市能源互联网平台及系统的核心任务是整合不同类型的能源资源，包括电力、热能、气体和可再生能源等，协调并优化其运行状态，以实现多种能源形式的高效融合与优化管理。通过先进的信息技术、智能控制技术和大数据分析，平台能够提供全方位的能源监控、预测和调度服务，实现能源流、信息流与价值流的无缝对接。平台的建设不仅需要具备高效的能源管理与调度能力，还需要能够应对大规模能源数据的处理与分析，保证实时监控、预警与响应机制的高效性和准确性。平台的设计应支持虚拟电厂、配电网资源调节、人防电源保障等多种子系统的深度融合和互联互通，进而支撑起城市能源互联网的核心架构。

本节将深入探讨城市能源互联网平台及系统的组成部分，重点介绍虚拟电厂平台、配电网资源配置与调节平台、人防电源系统平台及综合能源智慧管控系统，分析其在现代城市能源系统中的作用和技术要求，揭示它们如何共同推动城市能源的绿色、智能、可持续发展。

4.2.1.1　虚拟电厂平台

虚拟电厂服务体系通过聚合用户柔性可调节资源，面向政府、电网公司、发/售电公司、社会企业等不同用户，构建多方参与、互利共赢的虚拟电厂运营服务体系，该体系通过动态聚合、灵活交易、智能分析、协同控制等功能模块，形成全面的资源优化和多方利益协调机制。

虚拟电厂通过资源池实时动态聚合用户的可调节资源，包括负荷调节、分布式发电、储能装置等，形成虚拟资源集合。动态聚合可以快速响应用户需求和市场条件，确保各方利益最大化。虚拟电厂支持灵活的电力市场交易和服务模式，面向电网公司、发电公司和用户企业提供交易中介与撮合服务。通过负荷预测与响应机制，可以为参与方提供价格敏感的交易决策支持，帮助用户在电力现货市场中获得收益，同时降低交易风险。

虚拟电厂通过提供实时的负荷评估、收益评估、交易优化、动态资源分配等信息，帮助政府、企业用户和电网公司做出更加科学和高效的决策。辅助决策模块还包括面向政策制定的建言报告，如碳排放控制方案、电力补贴建议等，以协助政府和企业在推进新能源与智能电网结合方面的工作。

面向不同用户群体开展以下服务：

（1）政府：虚拟电厂为政府提供能源监管助手，协助制定能源政策和规划，优化能源资源配置。

（2）电网公司：为电网公司提供业务服务助手，提升对分布式能源的监控能力，协助维护电力系统的稳定。

（3）发电/售电公司：为发电和售电公司提供资源整合支持与协作，帮助实现资源最大化利用和市场收益优化。

（4）用能企业：为企业用户提供智能能管服务，通过数据挖掘和负荷优化，实现更高效的能源利用。

虚拟电厂服务体系（见图 4-1）的关键在于多方利益的均衡与最大化，通过技术手段对分布式资源进行动态协调和智能化控制，促进能源的灵活交易和高效利用，最终实现全局能源资源的优化配置和价值的最大化。这种面向政府、电网、企业等多方需求的服务体系可以帮助实现能源系统的低碳化、数字化和智能化转型，为未来能源互联网建设奠定基础。

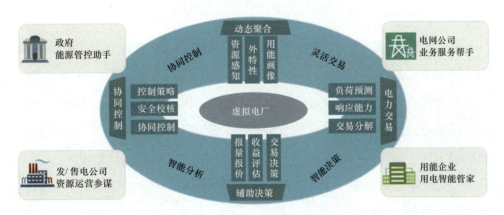

图 4-1　虚拟电厂服务体系

（1）总体架构。虚拟电厂的总体架构分为资源层、边缘层、聚合层和平台层四个层次，虚拟电厂总体架构如图4-2所示。通过这些层次结构的协同运作，虚拟电厂可实现对分布式能源资源的高效整合、智能监控和市场运营，形成一个集成化、智慧化的能源调度和交易管理系统。

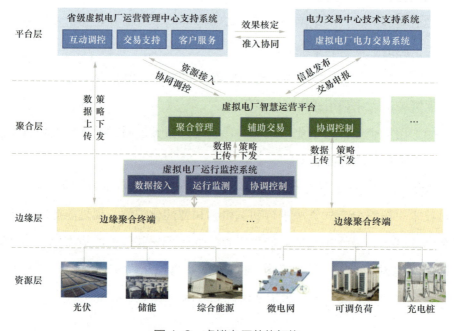

图 4-2　虚拟电厂总体架构

1）资源层。资源层是虚拟电厂的基础，包括以下各种分布式能源和用电负荷调节资源。

a. 光伏：太阳能光伏发电系统作为主要的可再生能源发电来源。

b. 储能：包括电池储能、飞轮储能等，用于平衡电力供需差异，确保系统的稳定性。

c. 综合能源站：集成了冷、热、电多种能源的生产和利用设施，提供高效的能源服务。

d. 微电网：由本地的分布式发电设施和储能设备组成的独立电网，能够自主运行或与主电网交互。

e. 可调负荷：如工业设备、空调系统等，可以灵活调整其用电需求来参与电力系统调节。

f. 充电桩：电动汽车充电设施，能够根据电力市场信号调整充电时间，具有较大的调节潜力。

2）边缘层。边缘层通过"边缘聚合终端"实现对资源层中各类分布式能源和负荷的实时监控与数据采集。边缘层设备包括边缘聚合终端，负责采集各类能源的运行状态数据，并进行初步的数据处理与反馈，将数据传递给上层的聚合管理系统。这些终端还支持与聚合层的交互，接收来自平台的调度指令，协助实现各类资源的智能控制与协调。

3）聚合层。聚合层是虚拟电厂的智能运营中枢，通过智慧运营平台实现对边缘层收集数据的深度分析与处理，主要功能如下：

a. 聚合管理：将不同来源的分布式资源整合成一个虚拟发电实体，以便参与电力市场交易和系统平衡。

b. 辅助交易：提供资源优化交易的支持，通过预测能源需求和价格走势，制订最优的交易策略以实现最大经济收益。

c. 协同控制：根据电力系统的实时需求，协调各类分布式能源的出力和负荷调节，确保系统的稳定性和安全性。

4）平台层。平台层提供对虚拟电厂整体运营的技术支持与政策监督，涉及多个重要的支持系统。

a. 省级虚拟电厂运营管理中心支持系统：负责对虚拟电厂的运营进行全方位的监管与服务，通过调度机制与各类分布式能源互动，实现资源的优化配置，提供虚拟电厂参与电力市场交易的支持与服务，为虚拟电厂内的各类用户提供运营信息及咨询服务。

b. 电力交易中心与技术支持系统：支持虚拟电厂参与市场交易活动的具体实施，实现虚拟电厂与电力市场之间的交易交互，确保资源在市场中的有效分配和交易的顺利进行。

虚拟电厂的各层之间通过数据流和信息流实现紧密的联系，边缘层终端将各类能源的运行数据传递给聚合层，聚合层进一步处理后将信息反馈给平台层，用于市场分析与调控策略制订。平台层根据整体的能源市场情况和政策目标，向聚合层下达调度指令，聚合层再将指令传递至边缘层，以对各类分布式资源进行动态调整和控制。

（2）虚拟电厂省域运营管理中心支持系统。省域虚拟电厂运营管理中心旨在支持省级或地市级能源主管部门和电网公司（营销或调度专业）建设区域级虚拟电厂的运营管理平台，实现区域内虚拟电厂的建立、管理与协同调控，帮助优化电力系统的整体调度与资源管理效率。该系统主要面向能源监管部门、电网公司（包括营销或调度部门）及其他利益相关者，通过支持构建区域级虚拟电厂，帮助实现跨区域能源资源的协同管理和调控，最大化资源利用效率并降低运营成本。

在政策推动和电力改革的背景下，省域虚拟电厂的建设与管理对于优化资源配置、提高能源利用效率以及促进新能源的广泛接入有着重要意义。省域虚拟电厂运营管理中心支持对不同能源资源的整合，并根据市场需求和政策要求进行相应的调度优化。该系统的建设和推广主要面向各级能源管理单位和电力公司，尤其是在涉及新能源资源的并网与调度方面有显著应用。省域虚拟电厂运营管理中心具有定制化的特点，可以针对不同区域的能源需求进行灵活的部署和开发。在推广方面，价格相对灵活，具体取决于定制化的功能需求和规模。

省域虚拟电厂运营管理中心支持系统（见图4-3）为政府和电力公司提供了一个集成化的管理工具，通过对分布式能源资源的整合与智能化控制，帮助实现区域内能源的高效管理与调度。它集成了大数据、人工智能、云计算、物联网等新兴技术，不仅能够有效管理区域内的虚拟电厂资源，还能促进新能源资源的深度利用，为推动能源系统的数字化转型提供有力支持。

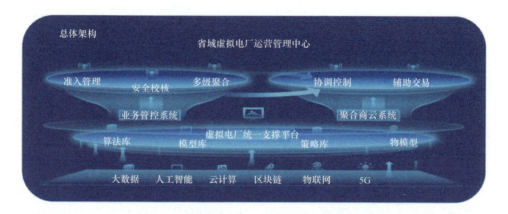

图 4-3 省域虚拟电厂运营管理中心支持系统

（3）虚拟电厂电力交易系统。虚拟电厂电力交易系统旨在为电力市场交易中心提供虚拟电厂参与电力市场交易的全流程管理服务。它通过支持虚拟电厂的交易主体注册、信息发布、合同管理等功能，帮助实现电力市场的高效运作。

虚拟电厂电力交易系统主要面向电力市场交易中心，旨在支持虚拟电厂作为一个独立的市场主体参与各种形式的电力市场交易。系统的设计还可满足独立电力销售商、发电商、配售电公司以及政府主管部门等多类用户需求，帮助他们实现资源的共享和调配。

为了支持发电市场需求和资源的高效对接，虚拟电厂交易系统提供了一系列解决方案，涵盖电力市场的中长期交易、现货交易及辅助服务市场交易等多种交易场景。通过市场主体的注册和需求响应机制，虚拟电厂交易系统能够在电力市场中迅速对接不同类型的能源资源。系统帮助虚拟电厂快速进行市场准入，实现对交易信息的实时发布和市场报告生成。通过电子合同和服务协议的管理，系统保障了交易的顺利执行，并帮助市场主体之间达成协议，确保交易的透明与公正。

随着电力市场化改革的推进，当前各地新一代电力交易平台正在逐步建设中，虚拟电厂交易系统作为支持个别地区为虚拟电厂单独建立市场外的系统，另在区块链分布式交易方面也可进行示范性应用。虚拟电厂电力交易系统应用了先进的区块链技术，在数据存储、可信追溯、智能合约方面具备独特的创新性。

虚拟电厂电力交易系统通过整体架构设计来实现对电力市场的全景支持，其总体架构如图 4-4 所示，包括但不限于以下功能模块：支持虚拟电厂在交易市场中注册，获得合法的交易主体身份。系统根据市场实时需求，支持现货市场中的资源交易与调度。通过市场出清机制确定最终的交易价格与交易量，确保市场的公开性与有效性。支持虚拟电厂在辅助服务市场中的参与，提供系统备用、调频等多样化的服务。系统集成绿电交易市场，为可再生能源提供专属交易渠道，并及时发布市场价格信息。

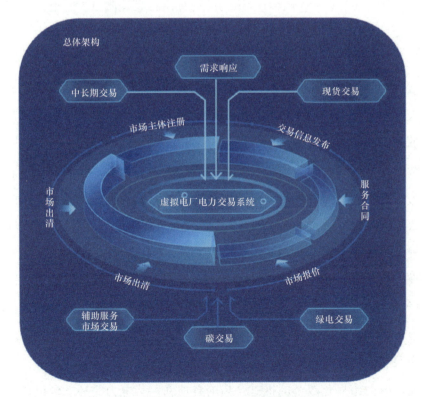

图 4-4　虚拟电厂电力交易系统总体架构

（4）虚拟电厂智慧运营平台。虚拟电厂智慧运营平台是一套集成化的智慧管理系统，面向电力行业内外多类型企业，提供从资源聚合到运营管理的全面解决方案，虚拟电厂智慧运营平台如图4-5所示。它通过整合云边协同架构，利用大数据、人工智能、区块链等技术，支持虚拟电厂资源的智能化管理与协同调度。

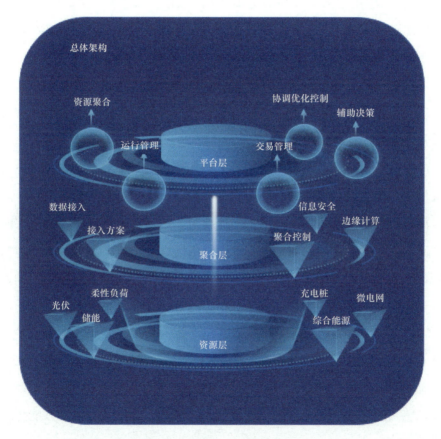

图 4-5　虚拟电厂智慧运营平台

虚拟电厂智慧运营平台主要面向电力系统内外的产业公司，包括能源公司、电力调度与交易机构、发电公司、能源服务商及负荷聚合商等。系统致力于帮助这些企业实现对各类分布式能源的高效管理、动态聚合与协同控制。

该系统基于云边协同的架构体系，通过对接各类边缘聚合终端和通信设备，提供对虚拟电厂内部及外部资源的全面管理支持。平台涵盖市场交易、调度、计量、结算等多项业务流程，实现了对能源资源的动态监控、灵活调控和高效交易。主要解决方案包括实现分布式能源的智能化动态聚合，以及对不同资源的优化控制。从资源层实时采集数据，通过聚合层进行智能分析，平台层实现优化的调控与市场交易管理，包括市场准入、交易管理和客户服务，帮助各类能源服务商在市场中实现业务价值最大化。

虚拟电厂智慧运营平台利用区块链、人工智能等技术，支持通过云边协同实现多层级的资源聚合和管理。系统在数据存储、智能调度、市场交易及运营管理方面具有高度的集成性与灵活性。

虚拟电厂智慧运营平台通过整合分布式资源与智能调控技术，为电力行业提供了一个高度集成化的管理和调度平台，它不仅实现了对各类分布式能源资源的智能聚合和市场交易管理，还通过云边协同、区块链及人工智能等技术确保了系统的高效性和透明性。随着电力市场的逐步开放和新能源接入的增加，虚拟电厂智慧运营平台将为能源企业提供强大的市场竞争力和运营支持。

（5）虚拟电厂运行监控系统。虚拟电厂运行监控系统是一套集成多项先进技术的监控与调度系统，专为工业企业、园区、商业综合体等提供实时调节资源的运行监视和控制，虚拟电厂运行监控系统如图4-6所示。该系统通过动态感知、精准控制和智能化管理，实现区域内分布式资源的智能化运行和高效管理。

该系统主要面向工业企业、产业园区、商业楼宇等应用场景，旨在通过集中监控和调节来管理区域内可调节资源的运行状态，确保高效、稳定的运行，帮助用户实现能源的优化配置与综合利用。

系统集成了智能物联、边缘计算、协同调控等多项技术，全面解决虚拟

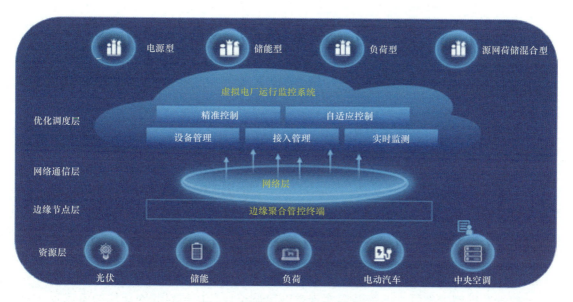

图 4-6　虚拟电厂运行监控系统

电厂中分布式资源的安全接入、实时监测、自动控制、精细化调度问题。基于多层架构和边缘聚合管控技术，运行监控系统具有以下解决方案：①智能物联与边缘计算。通过边缘计算和智能物联设备，系统能够从分布式能源中实时采集数据，对数据进行本地化处理并反馈。②动态监控与优化调度。支持多种模式的虚拟电厂，包括能源型（光伏、储能）、负荷型（电动汽车、用电负荷）及源网荷储混合型等。系统根据这些模式的特性，提供定制化的调控方案，实现对资源的动态聚合、负荷管理和优化调度。③云边协同管理。通过将云端的智能分析与边缘终端的快速响应相结合，确保对分布式资源的高效管理与精准控制。

　　虚拟电厂运行监控系统由多个层级组成，以实现高效的监测和管理。①边缘聚合管控终端。该终端负责从分布式资源采集数据，包括光伏、储能、负荷等，并将数据进行初步处理。②网络与通信层。实现与各类边缘设备和核心平台之间的数据传输和通信管理，确保信息的及时性和准确性。③优化调度层与管理层。系统通过对采集数据的处理，形成精细化的调度指令，并通过管理层下发给各类设备，实现对虚拟电厂内的分布式资源的统一优化控制。

虚拟电厂运行监控系统是一款结合边缘计算、智能物联和精准控制技术的智能化监控管理平台，为园区、工业企业、商业综合体等提供全栈式的能源管理服务，帮助实现对各类分布式能源资源的实时监测、精细化调度与智能化管理。通过系统的整体优化，虚拟电厂可以实现更高效的能源利用，并显著降低运行成本，为能源市场的进一步发展提供坚实的支撑。

4.2.1.2　配电网资源配置与调节平台

（1）功能定位。配电网资源配置与调节平台通过整合各种分布式电源、储能、微网、充电桩等资源，实现资源可调可控，达到对源网荷储的整体管理优化，配电网资源配置与调节平台如图4-7所示。主要功能如下：①源网荷储逐级管控。通过层级式管理实现对能源生产、传输、消费全过程的精细化调节。②运行状态实时监测。对各类分布式电源和负荷设备进行运行状态的实时采集和监测，确保其在系统中的稳定运行。

依托三维城市模型和电网的基础设施混合仿真，平台可以实现电网整体的深度成像：①三维城市地理地形。通过城市GIS技术实现对电网所处环境的可视化展示。②三维网络架构精细化建模。基于数字孪生和大数据分析，建立电网的虚拟孪生体，使电网资产和运行状态的管理更具精细化。

平台支持对配网进行动态特性的实时计算和分析，以应对复杂的电网运行环境：①能量流动分析。动态跟踪配电网络中能量的流动路径，进行实时功率潮流的监控与分析。②分布式电源出力预测。结合气象数据、负荷历史数据，进行分布式能源的短期和超期出力预测。③配电网承载力评估。通过对配电网节点和支路的实时监测，评估配电网的承载能力，确保系统的安全稳定运行。

配电网资源配置与调节平台的核心在于实现资源的优化配置和调节，主

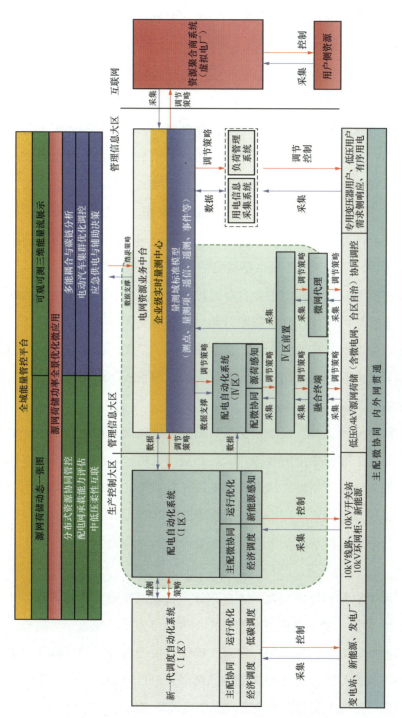

图 4-7　配电网资源配置与调节平台

要涵盖以下几个方面：①多目标优化。实现多类型资源的协同优化配置，包括电力、热力、储能等多个维度，通过优化算法来达成最优配置方案。②局域梯度调节：根据负荷的时空分布特征，进行区域内的梯度调节，确保资源的高效利用和全网供需平衡。

配电网资源配置与调节平台能够构建跨部门、跨区域的数据融合与专业化运行策略：①全域跨专业协同策略。通过将多个部门的数据进行整合，制订统一的运行策略，实现配电网在不同业务领域的协同运作。②系统分层的数据治理。平台汇聚跨系统、跨部门的数据资源，通过科学的数据治理架构，将多源异构数据转化为决策信息。③跨系统的专用数据服务。为电网运营、负荷管理、能源调度等提供精细化的数据服务和信息支持。

配电网资源配置与调节平台旨在通过整合各类电力资源和用电数据，实现从"图上管与可视化"到"资源可调可控和能量调节"的全流程优化。该平台的建设为电网管理的智能化、精准化提供了坚实的技术基础，助力提升电网的调节能力和资源利用率。同时，支持管理看板与班组应用，有助于形成科学化的决策机制和管理模式。

（2）模型校验工具。模型校验工具是企业级基础支撑平台建设的关键组成部分，专注于数据模型的管理、验证和应用支持，目的是确保数据模型的合规性、有效性和可用性，从而支撑电网各类业务的落地实施与应用。它为电网资源管理、电网资产中心等提供数据查询和管理服务，成为支撑电网核心数据平台的基础模块。配电网资源配置与调节平台数据模型校验工具见图4-8。

通过模型检测和评价功能涵盖数据管理、模型校验、版本管理等3大类25项指标，对每一个业务流程和数据模型进行全方位的审查，确保每一个模型都达到业务标准。数据可用与合规，确保"模型合规"和"数据可用"是工具的核心价值。通过数据和模型的严格审查，可以确保电网各类资产、资源的真实可靠，为上层业务的决策和操作提供坚实的基础。

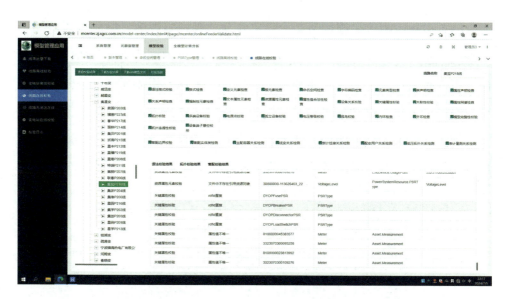

图 4-8　配电网资源配置与调节平台数据模型校验工具

模型校验工具在以下典型的电网业务场景中具有重要的应用价值：①电网资产管理中心。支持电网资产的动态监测和管理，对电网设备的模型进行有效验证，确保电网设备模型的完整性和正确性。②电网资源中心。通过对电网资源数据的建模和检测，确保资源数据的规范性与统一性，为电力资源的合理调配提供数据基础。

模型校验工具在前端应用中提供了多种界面与交互方式，如图 4-8 中所展示的典型管理界面。它不仅具备数据校验和管理功能，还提供了直观的操作面板，让用户可以方便地查看数据模型的状态，进行数据的导入、导出及校验操作。

模型校验工具作为数据模型管理的核心组件，通过数据管理、模型检测和版本管理三大功能，确保电网系统中各类数据的可靠性和有效性，为电网资源调度、资产管理、拓扑结构管理等多方面业务提供了坚实的支持基础。这一工具在数字电网建设中发挥了关键的基础性作用，为电网的安全可靠运行提供了强有力的数据保障。

（3）模型资源池。模型资源池是指集成多种计算资源、模型和算法的一个系统化平台，旨在为不同类型的应用场景提供可扩展的支持。通过该资源池，可以有效地调度和管理各类模型的运行，确保数据流通、任务分配和计算效率的最大化。这种资源池通常用于处理复杂的数据分析任务、深度学习模型训练，以及大规模的计算任务，广泛应用于电力系统、智能交通、气候预测等领域。配电网资源配置与调节平台模型资源池如图 4-9 所示。

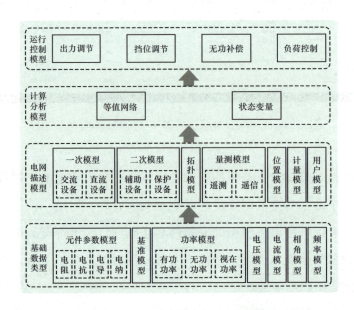

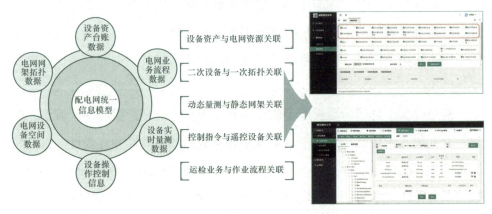

图 4-9　配电网资源配置与调节平台模型资源池

模型资源池通常由以下几个关键部分组成：

1）计算资源管理。包括云计算、边缘计算和本地计算资源。管理这些资源的调度、分配和监控，确保计算任务的顺利执行。

2）算法与模型存储。用于存放训练好的模型和算法库。这些模型涵盖了从传统机器学习算法到深度学习模型，以及为特定行业应用定制的专用算法。

3）数据处理平台。提供数据预处理、清洗、转化和特征工程的功能。数据输入是模型运行的基础，优质的数据处理能力能够有效提升模型的准确性和运行效率。

4）任务调度与监控系统。提供任务分配、调度与监控的功能，确保每个模型能够按照预定任务顺利运行，并进行性能监控和优化。

5）用户交互接口。为最终用户提供友好的操作界面，便于模型选择、训练、测试和结果查看。

4.2.1.3　人防电源系统平台

（1）人防和应急自备电源就地数字化能量管控系统。人防和应急自备电源就地数字化能量管控系统是为了在突发紧急情况或自然灾害等特殊事件中，保障城市关键设施的电力供应与稳定运行而设计的一种智能化管理系统，如图 4-10 所示。该系统通过数字化手段对电源的运行状态、能量消耗、负载分配等进行全面监控和管理，确保在任何情况下都能够高效、安全地提供应急电力支持。

人防系统通常用于重要场所和设施的安全保障，如地下防空避难所、指挥中心等，而应急自备电源则是指在主电网出现故障时，由备用电源如柴油发电机、蓄电池等提供电力支持。随着现代信息技术和智能控制技术的发展，传统的人工监控和手动操作方式已经逐渐被更高效、自动化的数字化管控方式所替代。

图 4-10　人防和应急自备电源就地管控系统

1）该数字化能量管控系统通常由以下几个主要组成部分构成：

a.电源监控模块。该模块负责实时监测应急电源（如柴油发电机、UPS 不间断电源、蓄电池等）的状态，包括电池电压、电流、充放电状态、发电机运行状态等。通过远程监控平台，操作员可以及时了解电源的健康状况，确保应急电源能够在关键时刻投入使用。

b.负载管理模块。该模块通过智能负载控制设备，将能量分配到不同的负载设备上。在突发事件中，合理的负载分配能够最大限度延长电源的使用时间，并保证关键负载得到优先供电。系统可以根据负载的重要性和优先级进行动态调节。

c.智能调度系统。基于实时监测数据和预设的算法，智能调度系统能够自动进行电源启停控制、负载分配及电池充电管理等，确保电源利用的最大化，并减少人为操作的错误或延迟。

d.数据采集与分析系统。通过传感器和数据采集设备，系统能够持续收集电源设备的运行数据，并通过大数据分析方法对这些数据进行实时处理。分析结果可为电源的维护、优化调度和故障预测提供依据。

e.故障诊断与报警模块。当系统检测到电源设备出现故障、运行不正常或能量不足等问题时，能够自动触发报警，并通过远程控制接口启动应急预案。这一模块对于保障电源系统的稳定性至关重要，能够为工作人员提供及时、准确的信息。

f. 通信与远程控制模块。该模块使得系统可以通过互联网或专用通信网络进行远程监控和控制。无论是在应急中心还是在其他地方，工作人员都可以通过移动设备或计算机远程访问系统，实时查看电源状态和能量使用情况，并进行必要的操作。

2）人防和应急自备电源就地数字化能量管控系统具备以下主要功能：

a. 实时监控与数据可视化：通过图形化界面展示电源设备的各项运行参数，便于操作人员实时掌握电源状态和能源消耗情况。可以通过云平台进行数据共享和远程查看。

b. 智能优化与调度：基于预定的负载优先级和电源运行状态，系统能够自动进行能量调度，最大化使用可用电源，并确保重要负载的持续供电。通过预测分析，系统还能够预见到电源的消耗趋势，提前做好应急响应。

c. 应急预案自动启动：在电力供应出现问题时，系统能够根据预设的应急预案自动启动备用电源，同时进行负载重分配和电池充电控制，确保关键设备不间断运行。

d. 故障自诊断与报警：当系统检测到电源故障或异常运行时，可以自动进行诊断，并及时发出报警，避免人为疏忽或延迟影响电源的供给。报警信息可以通过短信、邮件、语音提示等多种方式进行传递。

e. 节能与维护支持：系统通过持续监控和数据分析，能够帮助企业了解电源设备的运行效率，从而指导后续的节能优化措施。同时，系统还能提供维护提醒，保证电源设备的长期健康运行。

（2）人防和应急自备电源广域动态管控平台。人防和应急自备电源广域动态管控平台（简称广域管控平台）是一个集成了先进的监控、管理、调度和优化功能的综合平台，如图 4-11 所示。该平台旨在提供跨区域、跨设施的应急电源统一管理与调度。该平台能够实现对多个应急电源（如柴油发电机、UPS不间断电源、蓄电池等）进行实时监控、动态调度和远程管理，从而保障在各种紧急情况下，特别是在自然灾害、重大事故或突发事件中，能够及时、有效地为关键基础设施、公共安全设施、通信网络等提供持续可靠的电力供应。

图4-11　人防和应急自备电源广域动态管控平台

1）广域动态管控平台由多个子系统组成，采用模块化设计，具备灵活的扩展性。平台的主要组成部分如下：

a. 数据采集与传输层。该层通过各种传感器和设备采集电源设备的状态信息，如电池电压、发电机油量、燃料消耗、负载情况等。所有设备数据通过有线或无线网络传输到上层处理系统，实现远程监控。

b. 中央监控与分析层。该层是平台的核心部分，负责接收和分析来自各个应急电源的实时数据，进行数据处理、故障诊断、性能评估等。通过大数据分析和机器学习算法，系统可以自动预测电源的状态变化，判断是否需要采取措施，预测潜在故障并提前发出警报。

c. 智能调度与优化层。该层根据监控和分析数据，进行跨区域电源的动态调度与负载优化。智能调度系统根据负载需求、电源状态、电池剩余电量等因素，自动选择最优的电源资源，并进行负载平衡，确保在紧急情况下最大限度地延长电力供应时间。

d. 用户交互与控制层。为系统管理员、维护人员和决策者提供可视化的操作界面。通过这个界面，用户可以实时查看各个区域电源的状态、负载分配情况、能量消耗等信息。同时，用户可以远程控制电源启停、负载切换等操作，并且可以设置故障报警和预警规则。

e. 通信与数据接口层。该层负责实现平台与外部系统的互联互通。包括与电力调度中心、气象监测系统、智能交通系统等的接口，确保平台能够接入更广泛的系统，获取更多的辅助数据，提高决策的准确性。

2）人防和应急自备电源广域管控平台具备以下主要功能：

a. 广域监控与实时数据采集。平台能够实时采集来自不同地理位置、不同类型的应急电源的工作状态数据，涵盖电池电压、电流、发电机状态、负载变化等重要参数。通过多层级的数据展示，用户可以在一个集中平台上查看广泛分布的电源设备状态。

b. 智能负载调度与优化。在遇到电力需求高峰或电源供应紧张的情况下，平台能够自动调节各个应急电源的工作状态，实现负载均衡和能源高效利用。通过动态调整负载分配，延长关键负载的电力供应时间，保障重要设施如医疗、通信等不间断运行。

c. 故障检测与诊断。平台通过对电源设备的实时监控，能够自动检测到电源设备的异常情况，如电池电量不足、发电机故障、燃料不足等，并进行故障诊断。系统不仅能识别设备的故障类型，还能分析故障原因并提供修复建议，帮助维护人员快速定位问题。

d. 预警与应急响应。当平台发现潜在的电源故障或电力供应风险时，会自动发出预警信息，并根据预设的应急预案，自动启动备用电源或调整负载配比，确保电力供应不中断。同时，系统会实时向管理员发送报警信息，提醒采取措施。

e. 数据可视化与报告分析。平台提供数据可视化功能，允许用户以图表、曲线图等形式查看电源的历史运行数据、负载变化、能耗趋势等。通过数据分析，平台能够识别出电源设备的潜在问题、优化空间，以及提高电力供应效率的措施。系统还支持自动生成报告，供决策参考。

f. 远程控制与操作。管理员可以通过平台进行远程控制操作，如启停电源、调整负载分配、切换电源等。这使得即便在无法亲自到场的情况下，也能够及时响应应急需求，确保电力供应稳定。

人防和应急自备电源广域动态管控平台通过智能化的电源监控与管理功能，确保在突发事件或电力中断情况下，能够迅速响应并提供稳定的电力供应。随着技术的不断进步，该平台将继续发展与优化，提升其智能化水平和应对突发事件的能力，成为保障城市和重要设施安全的重要支撑。

4.2.1.4 综合能源智慧管控系统

综合能源智慧管控系统是一种基于物联网、大数据、人工智能等先进技术的集成化能源管理平台，如图 4-12 所示。该系统旨在整合多种能源形式（如电力、天然气、热力、可再生能源等），通过智能化、自动化的方式进行监控、调度和优化管理，以实现能源的高效利用、节能减排、成本控制和环境保护。

随着能源结构的多元化和能源需求的复杂性日益增加，传统的能源管理方式已经难以满足现代社会对能源管理的高效性、可持续性和灵活性的要求。综合能源智慧管控系统通过集成不同能源系统和信息技术，实现跨部门、跨区域、跨行业的能源协调与优化调度，从而实现能源的最大化利用和智能化管理。

综合能源智慧管控系统通常由以下几个关键组成部分构成：

（1）能源采集与感知层。该层是系统的基础，通过传感器、智能表计、

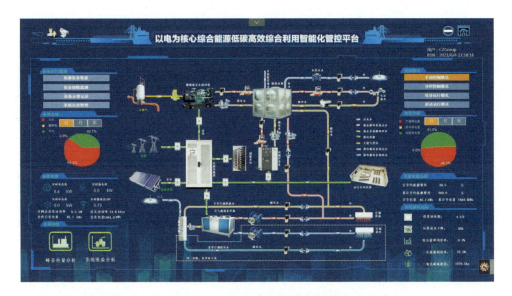

图 4-12　综合能源智慧管控系统

数据采集终端等设备，实时监控和采集多种能源（如电力、天然气、蒸汽、冷却水等）的运行数据。这些数据包括能源流量、温度、压力、电压、电流等关键参数。通过无线或有线网络，这些数据被传输到上层的数据处理中心。

（2）数据存储与分析层。该层是系统的大数据处理中心，负责对来自各能源系统的数据进行存储、清洗、加工和分析。通过大数据平台，系统可以进行数据挖掘，识别潜在的能效提升空间，分析能源消耗趋势和负荷变化，进行实时监控和预警，为决策者提供支持。

（3）智能调度与优化层。该层是系统的核心功能模块，基于数据分析和算法模型，进行能源的智能调度与优化。它能够根据实时数据、历史数据、预测数据和预设规则，进行跨能源系统的优化调度。调度目标包括能源的高效利用、峰谷负荷调节、分布式能源的协调、需求响应管理等，确保各类能源的供应与需求得到合理平衡。

（4）决策支持与展示层。该层为管理人员提供可视化的决策支持工具，展现实时和历史的能源数据，帮助决策者理解能源使用情况、优化管理策略、执行节能减排目标等。用户可以通过仪表盘查看各类能源的实时运行状态，分析能源消耗趋势，并根据分析结果做出调度决策。

（5）用户交互与控制层。该层是平台的用户接口部分，提供便捷的交互方式，允许用户进行能量管理、设备控制、报表生成等操作。通过该层，用户可以远程控制能源设备的开关、调节设备运行模式，并对系统进行配置和参数调整。

（6）安全性与通信层。系统需要保障能源数据的安全性和可靠性。该层通过加密通信、身份认证、权限管理等措施，确保数据的安全传输与存储。此外，通信层还保证了系统各个组成部分之间的协同工作，如能源供应商、用户端、智能设备等的实时数据互通。

综合能源智慧管控系统通过集成多种能源管理功能和智能化技术，能够提高能源利用效率，优化能源调度，降低成本，减少碳排放，推动可持续发展。随着技术的不断发展和应用场景的扩展，智慧管控系统将在全球范围内广泛应用，并成为未来智慧城市和绿色经济的重要组成部分。

▶ 4.2.2 城市能源互联网设备

在城市能源互联网的建设过程中，核心装备的功能不仅体现在系统平台的综合调度与管理上，更体现在设备层面的精确执行与实时响应。城市能源互联网设备作为平台系统的直接支撑，是确保能源高效、灵活、安全传输和利用的关键环节。随着智能化技术、信息通信技术、能源存储技术等的飞速发展，相关设备的种类和功能不断丰富，逐步向更高效、更绿色、更安全的方向演进。

本节将重点介绍城市能源互联网中涉及的主要设备，这些设备涵盖了从能源生产、存储到传输、分配、消费等各个环节。设备的种类繁多，涵盖了综合能源舱、柔性低压直流互联装备等，它们通过协同工作，实现了能源系统的精细化调度与动态平衡，进一步推动了能源的多元化融合和智能化控制。

随着能源互联网对灵活性、可靠性和安全性的要求不断提高，越来越多的创新设备应运而生。例如，分布式光伏智能断路器、车网互动装置和移动储能电源装置等设备不仅满足了城市能源网络的稳定性和可再生能源的接入要求，还通过智能化控制与实时监测，极大提升了系统的可靠性与响应能力。

本节将逐一分析这些核心设备的技术特点、功能作用及其在城市能源互联网中的重要性，探讨它们如何通过高效的能源管理与互联互通，促进城市能源的绿色转型、智能化提升和可持续发展。

4.2.2.1　城市人防电源一体化装置

城市人防电源一体化装置是为保障人防设施在紧急情况下的电力供应稳定而设计的专用设备，如图 4-13 所示。该装置集成了多个电源设备、智能监控与管理系统，以及应急供电的调度功能，能够确保在外部电网出现故障或断电时，提供持续的电力支持，保障人防系统内的生命支持、通信、照明

图 4-13　人防电源一体化装置

等关键设施的正常运行。

人防设施包括防空地下室、指挥中心、避难所等，电力供应的稳定性对保障人员安全和应急响应至关重要。传统的电源系统通常存在冗余度不足、设备管理分散、反应速度慢等问题，而人防电源一体化装置通过高度集成化和智能化的设计，能够克服这些挑战，提高电力供应的可靠性和灵活性。

1. 主要组成部分

（1）应急电源模块。该模块是装置的核心部分，通常包括柴油发电机、不间断电源（uninterruptible power supply，UPS）、蓄电池组等。柴油发电机为主要电源，在市电断电时提供持续的动力支持；UPS 电源负责对重要设备进行短时间内的无缝供电；蓄电池组作为备用电源，在其他电源设备无法正常工作时提供最后的电力保障。所有电源模块采用智能集成，能够根据负载需求和电源状态自动切换。

（2）智能监控与管理系统。该系统负责实时监控电源设备的工作状态，包括电池电量、发电机运行状态、负载分配、电压电流等重要参数。系统能够根据实时数据进行故障诊断，并提前发出报警，提醒维护人员检查设备。通过远程控制平台，用户可以实时查看电源设备的运行状态，并进行手动或自动调度。

（3）自动切换与负载分配装置。当外部电力供应发生故障时，装置能够迅速切换到应急电源并对负载进行动态分配。系统通过智能算法对各个电源进行负载优化，确保关键负载（如照明、通风、生命支持系统等）得到优先供电，同时最大限度延长电源的使用时间。负载分配还可以根据设备的优先级和电源的剩余电量自动调整。

（4）故障诊断与预警系统。装置能够实时监测电源设备的运行状况，若出现异常（如电池电量不足、发电机故障等），系统会自动诊断故障并触发报警，提醒工作人员及时处理。故障信息可通过短信、电话、邮件等多种方式传递，确保工作人员能够在最短时间内做出响应。

（5）通信与远程控制接口。为方便操作人员远程管理电源系统，装置通常配备通信接口（如 Wi-Fi、4G、5G 等），通过远程操作平台进行电源设备的管理和控制。平台提供用户友好的界面，支持实时查看、控制、调整电源设备的工作状态。

2. 优势特点

（1）高度集成化。人防电源一体化装置将电源设备、智能监控系统、自动切换与调度系统、故障诊断系统等功能模块高度集成，减少了传统电源系统中的分散管理和设备冗余问题。通过一体化设计，装置能够实现设备间的协同工作和信息共享，提升系统的可靠性和响应速度。

（2）智能化管理。智能监控与管理系统能够对电源设备的工作状态进行实时监控，并结合大数据分析和人工智能算法，预测设备的健康状况，及时进行故障预警和自适应调度。系统能够根据负载需求、能耗情况和设备状态，自动进行负载平衡和能量优化调度，确保电力供应的高效和稳定。

（3）故障自诊断与快速响应。装置具有较强的自诊断能力，在发生故障时能够自动识别问题并进行定位分析，减少了人工排查的时间。系统能够在出现故障时自动启动备用电源或切换负载，并通过报警系统及时通知维护人员，从而缩短故障处理时间，提升电力供应的可靠性。

（4）远程管理与控制。通过现代通信技术，装置支持远程监控和控制，操作人员可以通过移动终端或计算机进行设备状态查询、故障诊断、参数调整等操作。尤其在一些偏远或安全性要求较高的设施中，远程操作能够提高管理效率，降低人工成本。

（5）模块化与灵活扩展性。虽然是一个一体化装置，但其设计上保留了较高的模块化特性，可以根据不同的使用需求和负载情况进行灵活扩展。例如，当需要增加备用电源或更大功率的发电机时，可以通过模块扩展的方式进行升级，保证系统在扩展后的稳定性和高效性。

人防电源一体化装置通过集成应急电源、智能监控、自动调度、负载分配、故障诊断等功能，极大提高了电源管理的效率和安全性。它不仅能在突发事件中提供稳定可靠的电力支持，还能够通过智能化手段进行自我优化，保证关键设施在最紧急的情况下仍然能够正常运行，是保障公共安全、应急响应及人防设施正常运行的核心技术。

4.2.2.2 综合能源舱

综合能源舱是一种高度集成化、智能化的能源管理单元，如图 4-14 所示，旨在通过模块化设计，整合多种能源系统（如电力、热力、冷能、可再生能源等），实现能源的集中管理、优化调度和高效利用。综合能源舱具有高度的灵活性和可扩展性，可以根据不同的需求和场景进行定制化配置，广泛应用于智慧城市、工业园区、商业综合体、数据中心等多种场所。

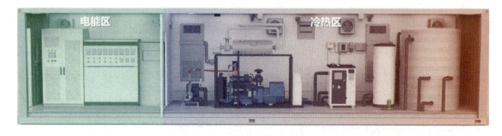

图 4-14　综合能源舱

通过集成先进的能源管理技术、智能控制系统和储能设备，综合能源舱能够在保证能源供应稳定性的同时，提升能源使用效率，实现能源的智能调度与优化配置，为用户提供可靠、绿色、低碳的能源解决方案。

1. 主要组成部分

（1）能源采集与监控模块。该模块负责从各类能源设备（如光伏发电系统、风力发电机、燃气发电机、电池储能系统等）采集实时数据，包括电力、热力、气体流量、温湿度、压力等关键参数。所有采集的数据将通过物联网技术上传至中央控制系统，为后续的智能分析和调度提供数据支持。

（2）能源转换与储存模块。该模块包含多种能源转换设备（如逆变器、变频器、充电桩等），用于不同能源形式的转换与存储。比如，光伏发电产生的直流电需要经过逆变器转换成交流电，而电池储能模块则负责将多余的电力储存起来，待需要时再提供电能。此模块不仅保障了能源的灵活转换，还提高了能源系统的可靠性。

（3）智能调度与控制模块。这是综合能源舱的核心功能模块之一，通过集成的智能算法和控制系统，对舱内各类能源设备进行智能调度和管理。系统能够根据实时的能源需求、价格波动、天气预报等多方面的信息，自动调节能源设备的运行状态，实现能效优化、成本降低和能源供应平衡。例如，系统可根据用电负荷情况和电网电价自动切换电源，或者优先使用储存的可再生能源，减少碳排放。

（4）负载管理与分配模块。该模块通过实时监控负载的需求，智能分配不同能源的供应。系统根据用户的用电需求、设备的运行情况和能源优先级，灵活地调整各个能源设备的运行策略，确保重要负载如安全设备、通信设施等始终得到优先供电。同时，该模块还可以通过需求响应机制与电网互动，参与电网负荷调节和电力市场的价格波动。

（5）数据分析与决策支持模块。通过大数据分析技术，系统对能源使用情况、设备运行状态、负荷变化等信息进行深度挖掘，帮助管理者实时掌握能源消耗状况。系统不仅可以生成详细的能耗分析报告，还可以通过机器学习和预测模型预测未来的能源需求趋势，提供数据支持以便做出优化决策。

（6）通信与安全管理模块。该模块确保能源舱内部各设备之间、与外部设备和系统的通信畅通，同时保障系统的安全性。通过加密技术、身份认证和权限管理，保障系统免受外部攻击和内部泄露，确保所有数据传输的安全性和可靠性。此外，系统还具备故障诊断与预警功能，能迅速识别设备故障，及时通知维护人员进行处理。

2. 优势特点

（1）多能源协同管理。综合能源舱可以整合不同形式的能源（如电力、热能、冷能、天然气等），实现能源的协同管理与调度。通过智能化调度，系统能够根据不同能源的可用性、成本和需求，灵活调整能源供应方式，实现跨能源系统的高效利用。

（2）能源高效转换与利用。通过集成先进的能源转换设备和储能技术，综合能源舱能够高效地将不同类型的能源进行转换和储存。尤其是可再生能源（如光伏、风能等）的应用，可以有效减少对传统化石能源的依赖，降低碳排放，提升可再生能源的利用率。

（3）智能调度与优化控制。通过机器学习和优化算法，系统能够自动调节各类能源设备的运行状态，根据实时需求和价格波动，智能化地选择最合适的能源供应方案。这不仅提高了系统的经济性，还能最大限度地节约能源成本。

（4）实时监控与远程管理。系统具备实时数据采集和监控功能，用户可以随时查看各类能源设备的运行状态、能源消耗数据等信息。通过移动端和PC端平台，用户还可以远程控制和调整能源设备的工作状态，进行能源调度、设备维护、故障排查等操作。

（5）需求响应与负荷调节。综合能源舱通过需求响应机制与电力市场互动，灵活调整能源使用，参与电网负荷调节。例如，在电网负荷较高时，系统可以主动减少非关键负载的用电需求，或者将电池储能系统中的电力释放出来，缓解电网压力，确保电力供应稳定。

（6）节能与环保功能。通过智能化的能源管理，综合能源舱能够显著提升能源使用效率，降低能源浪费，实现节能目标。同时，系统还可以通过最大化利用可再生能源，减少传统化石能源的消耗，降低温室气体排放，促进环保和可持续发展。

综合能源舱通过集成多种能源形式、智能化调度与优化管理技术，为用户提供高效、可靠、绿色的能源解决方案。它能够帮助各类用户提升能源利用效率，降低运营成本，实现能源的智能管理与优化调度。随着技术的不断进步，综合能源舱将在智慧城市、工业园区、商业建筑等多个领域发挥越来越重要的作用，推动能源转型和可持续发展。

综合能源舱的主要形态包括燃机联供舱、电热耦合舱和燃料电池舱等。

（1）燃机联供舱。燃机联供舱是一种高度集成的能源供应单元，结合了燃气轮机发电和余热回收技术，专门设计用于提供电力和热力等能源输出，如图 4-15 所示。燃气轮机不仅能够高效地转换燃料为电力，还能通过余热回收系统将废热转化为有用的热能，以实现热电联产（combined heat and power，CHP）或热电冷联供（combined cooling，heat，and power，CCHP）。这种能源系统能够在保证能源供应可靠性的同时，大幅提高能源利用效率，并减少能源浪费。

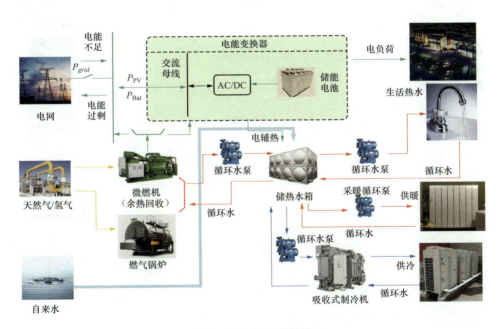

图 4-15　燃机联供舱

燃机联供舱采用模块化设计，集成燃气轮机、电力控制系统、热能回收装置、自动化调度系统等多个功能模块，能够在多种负荷变化下平稳运行。它广泛应用于工业园区、商业建筑、医疗设施、数据中心等场所，特别适合需要大规模能源供应且对能源效率有较高要求的场景。

（2）电热耦合舱。电热耦合舱是一种高效的能源管理单元，集成了电热转换技术、热能回收系统和电力供应系统，如图4-16所示。它结合了电热耦合技术和智能调度系统，能够高效地将电能和热能进行转化与优化，实现双向能源利用。电热耦合舱通过将传统的电能和热能系统进行耦合，可以有效提高能源的利用效率，减少能源浪费，并通过灵活的调度机制，提供可靠、经济的能源解决方案。

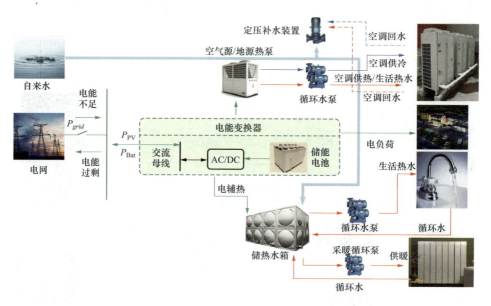

图4-16 电热耦合舱

电热耦合舱的设计旨在满足现代工业、商业建筑、数据中心等场所对稳定和高效能源供应的需求。通过精确的能源调度和电热耦合的技术优势，系统能够实现热、电、冷的联产和多维度优化，达到节能、降耗、环保的目标。

（3）燃料电池舱。燃料电池舱是一种先进的能源供应系统，利用氢气与氧气的电化学反应直接生成电能，具有高效、清洁、环保等特点，如图 4–17 所示。燃料电池舱将氢气储存、燃料电池模块、电力管理、热管理及安全控制等多项技术集成在一个紧凑的舱体内，形成一个自给自足、稳定可靠的能源单元。该系统适用于需要高可靠电力供应、零排放和低噪声的领域，如交通运输、工业设备、数据中心等。

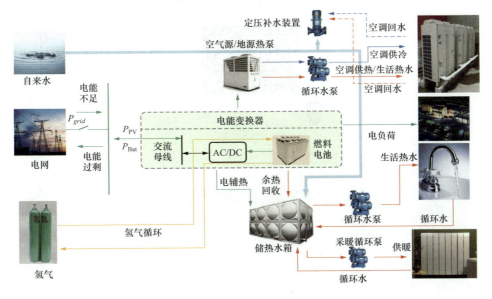

图 4-17　燃料电池舱

燃料电池舱作为一种新型能源解决方案，具有零污染、低噪声、高效率、快速响应等优势，能够为不同应用场景提供灵活、可持续的能源供应。它是未来绿色能源的重要组成部分，尤其在推动低碳经济、清洁能源替代等方面具有重要意义。

4.2.2.3　碳净零处理器

碳净零处理器是一种先进的设备或系统，旨在通过多种技术手段有效减少、捕捉和处理 CO_2 排放，达到碳中和或碳净零排放目标，如图 4-18 所示。

它通常采用吸收、转化和存储等技术，将 CO_2 从工业废气、能源生产过程、交通运输等源头排放中捕获并进行有效利用或隔离。碳净零处理器不仅关注 CO_2 的减少，还力求将系统产生的排放实现净零，以满足日益严格的环保标准和全球减排目标。

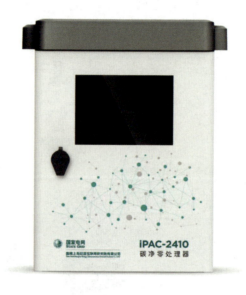

图 4-18　碳净零处理器

这一技术是应对气候变化和实现全球温室气体减排承诺的关键技术之一，特别是在工业、能源、电力、交通等高排放领域，碳净零处理器提供了一种可行的解决方案，帮助这些行业在经济增长的同时，减少对环境的负面影响，推动可持续发展。

1. 主要组成部分

（1）CO_2 捕捉模块。CO_2 捕捉模块是碳净零处理器的核心部分，负责从工业废气或其他气体源中提取并分离 CO_2。常用的 CO_2 捕捉技术包括化学吸收法、物理吸附法、膜分离法以及低温冷凝法等。捕捉后的 CO_2 会被浓缩并压缩，便于后续的处理和存储。

（2）CO_2 转化模块。该模块利用先进的化学反应和催化技术，将捕获的 CO_2 转化为有用的化学品或燃料，如甲烷、甲醇或其他合成燃料。这一模块常见的技术包括电化学还原、催化转化以及生物转化等。通过将 CO_2 转化为可再利用的能源或化学品，碳净零处理器不仅实现了碳减排，还为工业生产提供了新的原料来源。

（3）CO_2 储存模块。在一些应用场景下，捕获的 CO_2 不会立即转化为其他物质，而是通过深地下储存技术（如碳捕集与封存，CCS）或矿物碳化技术进行长期储存。这些储存方案确保 CO_2 不会重新释放到大气中，有效减少温室气体的浓度。

（4）能源回收与利用系统。在碳净零处理过程中，可能会伴随产生一定的热能、电能或其他副产物。能源回收系统负责对这些能源进行回收和再利用，进一步提升系统的整体能效。例如，通过热回收装置将废热用于驱动系统，或者利用产生的电能供给其他工艺过程，减少能源消耗。

（5）监控与控制系统。碳净零处理器配备高度智能化的监控和控制系统，通过实时数据采集、分析和反馈，优化 CO_2 捕捉、转化和储存的过程。控制系统能够根据实时运行参数自动调整工作状态，确保系统稳定高效运行。此外，该系统还具备故障诊断、报警和维护功能，确保设备的长期稳定性。

2. 优势特点

（1）高效碳捕捉与减排。碳净零处理器能够高效地从各类废气源中捕获 CO_2，并通过先进的技术将其转化或储存，确保大气中 CO_2 浓度的降低。通过高效的碳捕捉技术，系统可实现高达 90% 以上的 CO_2 捕集率。

（2）灵活的 CO_2 转化能力。通过将捕获的 CO_2 转化为有用的化学品或能源，碳净零处理器不仅实现了碳减排，还为工业生产提供了新的能源来源。转化过程中的催化剂和反应条件可以根据不同的需求进行调节，提供多种不同的产品，如合成燃料、化学原料等。

（3）零排放与可持续性。碳净零处理器的最终目标是实现碳净零排放，即系统的碳排放量为零或负值。这意味着系统所捕获的CO_2将完全被转化、存储或隔离，防止其重新进入大气。通过该技术，企业可以实现碳中和目标，符合国际气候协议和环境法规的要求。

（4）能源效率与经济性。碳净零处理器不仅注重碳减排，还兼顾能源效率和经济性。通过优化捕捉和转化过程，系统能够最大限度地利用捕获的CO_2产生可用的产品或能源，减少能源消耗并降低运维成本。此外，能源回收和副产物利用技术进一步提升了整体效益。

（5）模块化与可扩展性。碳净零处理器采用模块化设计，可以根据具体应用需求进行定制化和扩展。无论是在小型企业还是大规模工业园区，系统都能够灵活配置，并根据实际负荷和碳排放量进行调整和优化。

（6）智能化控制与远程管理。碳净零处理器配备先进的控制系统和物联网技术，能够实现远程监控和智能调度。通过实时数据分析和优化算法，系统能够自动调整操作条件，确保捕捉、转化和储存过程的最大效率，并通过远程维护功能减少设备故障和停机时间。

碳净零处理器通过高效捕捉、转化和储存CO_2，帮助各行业实现碳排放净零，推动全球减排目标的实现。随着技术不断成熟和政策支持的增强，碳净零处理器将在更多领域得到广泛应用，为应对全球气候变化贡献力量。

4.2.2.4 柔性直流互联装备

柔性直流互联装备是一种旨在实现不同电力系统之间高效、稳定连接的电力设备，如图4-19所示。该装备专为中低压直流电力传输设计，采用柔性直流技术，实现电能在不同来源、负载之间的灵活调度和高效转换，适用于规模化分布式电源接入、电动汽车充电、微电网（群）等多种场景。

随着全球能源结构的转型和分布式发电、储能设备的广泛应用，传统的交流电网面临着电力输送效率低、响应速度慢、系统不灵活等问题。柔性直流互联装备通过柔性直流技术，将这些问题得以有效解决，提供一种更为高

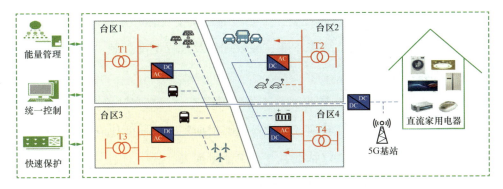

图 4-19　柔性直流互联装备

效和灵活的能源互联方案。

1. 主要组成部分

（1）直流电源接口模块。负责接入各种直流电源，如太阳能光伏、风力发电、储能设备等。这些电源通过模块提供稳定的直流电力输入，确保系统能够适应不同电力来源的接入。

（2）直流变换与调节模块。该模块利用直流—直流变换器（DC–DC 转换器）对输入的电能进行电压转换和电流调节，使电力符合需求端的工作条件。变换模块根据不同的电力需求调整输出电压和电流，确保系统稳定运行并最大化能源利用效率。

（3）柔性直流互联控制模块。通过精密的控制算法，柔性直流互联控制模块实现不同系统之间的协调运行。模块能够根据负载的变化动态调整电流和电压，使得系统内各个组件之间始终保持最佳的工作状态。该模块还支持多种电力调度策略，以适应不同的电力需求场景。

（4）储能与回馈模块。储能系统为柔性直流互联装备提供负载调节和峰谷平衡功能。通过储能电池，系统可以在低负荷时存储多余电能，在高负荷时释放电能，保证系统在各种负荷条件下的稳定性。储能系统还支持能量回馈功能，将过剩的电能送回电网或其他设备。

（5）监控与通信系统。该模块负责实时采集和监测系统运行数据，并通过通信协议将信息传输到远程监控中心。通过集中管理和数据分析，能够实现设备状态的实时监控、故障诊断、能效评估及远程调度控制。

2. 优势特点

（1）高效的电力转换与调度。装备采用直流—直流变换器，实现不同电源和负载之间的高效电能转换。该设备能够根据实时负荷变化进行智能调节，确保电力流动始终处于高效状态，并减少能量损失。

（2）灵活的系统互联能力。该装备能够灵活地连接多种低压直流电源，如光伏、风能和储能等，并根据不同的需求实现电源之间的协调调度。通过柔性直流技术，系统可以有效适应各种电力系统之间的互联要求，支持多种能源的并网与调配。

（3）智能化的负载调节与控制。系统内置智能化的控制模块，能够实时监控电力需求与电力供应的变化，通过动态调整电流与电压，确保电力供应的稳定性与可靠性。这种智能化控制能够有效适应不同应用场景下的电力需求波动，避免过载或能源浪费。

（4）储能支持与负载平衡。装备根据需要可内置储能模块，能够在电力需求较低时储存电能，在负载需求较高时释放电能，实现电力的平衡调节和优化配置。这一功能特别适用于太阳能、风能等可变能源系统的稳定性提升，并可帮助缓解电力峰谷差异带来的压力。

（5）模块化设计与灵活扩展。柔性直流互联装备采用模块化设计，能够根据实际需求进行定制化配置，并根据系统规模和需求进行扩展。无论是在住宅、商业还是工业环境中，都能够灵活应用，并能随着需求的增加或变化进行调整和优化。

（6）高安全性与可靠性。装备内置多种安全保护机制，如过电流、过电压、短路保护等，确保在出现异常情况时能够及时断电保护，防止设备损坏。此外，系统通过实时监控和故障自诊断功能，能够确保长期稳定运行。

柔性直流互联装备凭借其高效、智能和灵活的电力调度能力，能够适应现代能源系统日益复杂的需求，广泛应用于分布式能源、电动汽车充电站、绿色建筑等新型电力系统场景。随着技术的发展和市场需求的增加，柔性直流互联装备将在城市能源互联网中发挥重要作用，推动能源系统向更加智能、高效和低碳的方向发展。

4.2.2.5　智能融合终端

智能融合终端是一种集成了多种功能的智能电力设备，主要用于电力系统中的配电网台区（即低压配电网的一个服务区域），如图 4-20 所示。它将传统的配电设备与先进的数字化、智能化技术相结合，通过对电力系统的实时监测、数据采集、控制和分析，实现电力设备的智能化管理与优化调度。智能融合终端不仅具备传统配电自动化设备的基本功能，还能支持更多智能化操作，如远程监控、故障诊断、负荷管理等，极大提升了电力系统的运行效率与可靠性。

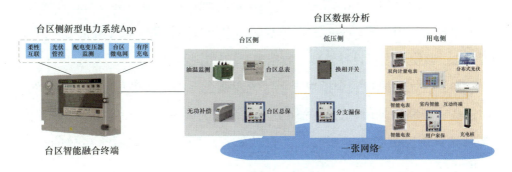

图 4-20　智能融合终端

随着智能电网和分布式能源的快速发展，智能融合终端在配电网中的作用变得愈加重要，尤其是在提升配电网的自动化水平、优化电力资源的配置和实现精细化管理等方面。

1. 主要组成部分

（1）数据采集与监测模块。该模块通过传感器、智能仪表等设备实时采集台区内的电力参数（如电压、电流、功率、频率等），以及环境数据（如温度、湿度等）。采集到的数据将为后续的分析与决策提供支持。

（2）控制与调度模块。该模块基于采集的数据，通过内置控制算法对配电网进行智能调度，能够自动识别负荷变化、设备运行状态等信息，并根据需求进行调节和优化，包括自动投切、分配电能、负荷平衡、故障切除等功能。

（3）通信与数据传输模块。该模块通过无线或有线通信网络，将台区内的各类数据传输到上级调度平台或云端，实现实时远程监控、数据分析和故障诊断，支持多种通信协议，确保数据的稳定传输。

（4）智能决策与分析模块。基于人工智能、大数据和机器学习等技术，智能决策模块对采集的数据进行深度分析，挖掘潜在的运行规律，进行负荷预测、设备状态评估、故障诊断和运行优化等。系统能够根据分析结果做出合理决策，帮助提升电力系统的运行效率。

（5）用户接口与显示模块。该模块通过触摸屏、显示器、App 等终端，为工作人员和用户提供实时的系统状态信息、故障报警、操作界面等。用户可以通过该模块进行设备管理、数据查看和操作控制。

（6）电气保护与安全模块。台区智能融合终端配备多重电气保护机制，如过载、短路、欠压、过压等保护功能，以确保设备和人员安全。系统能够对异常情况进行实时报警，并自动断开故障区域，以减少事故的影响范围。

2. 优势特点

（1）智能监控与故障诊断。智能融合终端能够实时监测台区内的电力设备运行状态，及时发现设备异常并自动发出报警。结合故障诊断技术，系统能够快速识别故障类型、发生位置和原因，缩短恢复时间，减少停电和损失。

（2）自动化调度与优化管理。智能终端能够根据实时监测的电力负荷、设备状态等信息，自动调度电力流向，平衡各个负荷点的电力需求，实现负荷优化管理。它还能支持智能化的故障隔离与恢复功能，在发生电网故障时，能够自动进行分区供电，最大限度减少停电影响。

（3）远程控制与数据传输。通过无线通信模块，台区智能融合终端可以与上级控制中心、云平台等进行实时数据交换。工作人员可以通过远程平台查看实时数据、进行远程控制操作和设备调整，提升管理效率。

（4）多重电力保护机制。台区智能融合终端具备全面的电力保护功能，包括过载保护、短路保护、过电压/欠电压保护、漏电保护等，确保电气设备和用电安全。

（5）数据存储与历史分析。系统能够长期存储各类电力数据，如电压、电流、功率、设备状态等，并通过历史数据分析功能，帮助用户了解设备的运行规律、负荷趋势、异常事件等，为系统优化提供依据。

（6）可扩展性与兼容性。台区智能融合终端采用模块化设计，具备良好的可扩展性和兼容性，能够方便地与其他智能设备、传感器、通信网络等进行集成，满足不同场景下的个性化需求。

（7）节能与减排。通过优化负荷调度与能源利用，台区智能融合终端有助于提高配电网的整体能效，降低能源损耗。此外，系统还能实时监控可再生能源的接入和利用情况，促进绿色电力的使用，帮助实现节能减排目标。

智能融合终端作为现代电力系统中重要的智能化设备，具有高效的监控、调度、保护、控制等功能，能够帮助电力系统实现自动化、智能化管理。随着技术的不断进步和智能电网的建设，智能融合终端将在提升电力系统运行效率、保障电力供应安全、推动绿色发展等方面发挥越来越重要的作用。

4.2.2.6　移动储能电源装置

移动储能电源装置是一种集成了高效能电池系统、逆变器、充电控制装置和管理系统的移动式电力解决方案，如图 4-21 所示。该装置设计目标是提供便捷的电力供应，尤其适用于电力需求波动较大或临时需求的场合。它可以为不同类型的设备提供稳定的电力输出，广泛应用于商业、工业、灾难应急、户外活动等多个领域。

图 4-21　移动储能电源装置

1. 主要组成部分

（1）储能电池。储能电池通常采用锂电池或其他类型的高效能电池，具有高能量密度、长生命周期和快速充电特点。锂电池能够提供持续的电力支持，同时具有较低的自放电率和更长的使用寿命。

（2）变流器。变流器负责将储能电池储存的电能转化为交流电，确保输出的电能符合所接入电网及各种设备的要求。变流器通常具有较高的转换效率，并且能够根据不同需求自动调整输出功率。

（3）电池管理系统（battery management system，BMS）。BMS 用于监控和管理电池的工作状态，确保电池的充放电过程安全高效。它通过监测电池的电压、温度、充放电速率等参数，防止电池过充、过放或过热等情况，延长电池的使用寿命。

（4）充电装置与接口。移动储能电源装置一般配备多种充电接口，可以通过市电、太阳能或其他可再生能源进行充电，支持快速充电功能，以便在紧急情况下尽快恢复电力供应。

（5）外壳与散热系统。装置外壳设计通常采用坚固耐用的材料，以防止物理损害，同时防水防尘，以适应不同环境条件。此外，高效的散热系统能够确保设备在高负荷运行下保持稳定，避免因过热导致故障。

2. 优势特点

（1）灵活性与便捷性。移动储能电源装置具有较强的灵活性，能够迅速部署和移动，适用于多种环境条件和场景。

（2）环保与节能。由于采用可再生能源或高效电池技术，移动储能电源装置具有较低的环境影响和能效损失，有助于推动绿色能源的应用。

（3）可靠性与安全性。现代移动储能电源装置通常具备多重安全保护措施，如过充保护、过放保护、短路保护等，确保设备的高安全性。

（4）经济性。与传统的发电机组相比，移动储能电源装置具有较低的运行和维护成本，同时由于无噪声、无排放，也有助于改善工作环境。

移动储能电源装置通常采用先进的电池技术，当前市场上主要使用锂离子电池（Li-ion）、钠硫电池（NaS）和钛酸锂电池等。随着材料科学和电池技术的发展，储能装置的能量密度、充电速度、安全性等方面都有了显著提升。例如，锂电池不仅具有较高的能量密度，而且质量轻、充电速度快，适合长时间和高强度的工作环境。

除了电化学电池之外，储能装置还可以集成超级电容器（超级电容器具有大倍率充放电特性），用以提供快速响应的短时电力支持，提升整个系统的响应能力和稳定性。

现代移动储能电源装置往往采用模块化设计，这使得系统在规模上具有较高的灵活性和可扩展性。用户可以根据实际需求增加或减少储能模块，以应对不同的负载要求或应用场景。例如，在需要大功率输出的场景中，可以增加更多的电池单元和逆变器模块，以提升系统的功率输出和存储能力。模块化设计还可以降低维护成本与风险，因为损坏的部分可以单独更换，而不需要整套设备停机维修，从而提升了系统的可用性。

移动储能电源装置通常配备先进的智能能源管理系统（energy management system，EMS），该系统可以实时监测设备的运行状态，调节储能装置的充放电策略，以优化系统效率和延长电池寿命。EMS 不仅能够根据负载需求自动调节储能系统的功率输出，还能与外部电力系统进行协作，在电力需求高峰期间释放储存的电能，或在电网负荷低谷时储存能量。智能化的控制系统还能够通过远程监控和数据分析，提供精确的故障诊断、维护提醒及系统性能优化建议，进一步提升设备的运行效率。

安全性是储能系统设计中的重中之重。移动储能电源装置通常包括多层次的安全保护措施：BMS 不仅监控电池的电压、温度和充电状态，还能进行过电流、过电压、过温等故障检测，及时切断电池与负载的连接，防止出现电池过热、爆炸或起火等安全隐患。此外，逆变器部分通常也配有过载保护、短路保护、过热保护等功能，确保电源系统在高压、过载等情况下能够安全断开或自动恢复，从而最大限度降低系统故障的风险。

移动储能电源装置相较于传统的柴油发电机组，在能效和环境友好性方面具有明显优势。储能系统可以通过充电将电力储存起来，而不产生任何直接的排放，尤其是在与可再生能源结合时，能够有效降低碳足迹。此外，随着逆变器和电池技术的不断优化，移动储能装置的整体能效逐步提高，充放电效率达到了 95% 以上。

3. 应用场景

（1）应急电力供应与灾后恢复。在自然灾害发生后，尤其是台风、地震、洪水等灾害，传统电网常常会出现大规模停电现象。移动储能电源装置可快速部署，为灾区提供应急电力支持，保障医院、通信、应急指挥中心等机构关键设施的正常运转。其灵活的部署方式也可以为救援设备和灾后恢复提供关键的电力保障，减少对外部电力的依赖。

（2）野外勘探与临时电力供应。在石油天然气勘探、矿业开采等野外作业中，移动储能装置可以作为现场电力供应的解决方案，尤其是在电力基础设施不完善或电力供应不稳定的地区。通过移动储能装置提供临时电力，不仅能保证设备正常运行，还能减少柴油发电机带来的环境污染和运行成本。

（3）电力负荷调节与电网支持。移动储能装置可以在电力系统中灵活部署，通过快速调节充放电操作，支持电网的负荷调节和频率调节。这种方式尤其适用于风能、太阳能等波动性较大的可再生能源，并能帮助电网平衡供需关系，增强电力系统的稳定性。

（4）可再生能源集成与存储。在太阳能和风能发电场，移动储能电源装置能够在发电量超过需求时储存多余的电能，并在需求高峰时释放。这不仅提高了能源利用效率，还有助于降低电网运行成本和优化能源结构。特别是在一些偏远地区，移动储能系统可以作为可再生能源的有效补充，提高电力供应的独立性和稳定性。

（5）户外活动与边远地区电力需求。在户外活动、野营、音乐节等场景中，移动储能电源装置为用户提供了便利的电力支持，解决了传统电网无法覆盖的电力需求问题。无论是为照明、音响设备供电，还是为个人设备充电，移动储能系统的便捷性和可靠性大大提升了用户体验。

随着技术的不断进步，移动储能电源装置的功能、效率和应用场景将不断扩展。未来的移动储能电源装置将更加智能化、自动化，不仅能与电网进行双向互动，还能够自我优化和自我修复。电池技术的进步将使储能设备更加轻便、高效和持久，充电速度的提升将缩短用户的等待时间。通过与人工智能、大数据和物联网技术的结合，未来的储能设备可能具备更强的自主决策和预测功能，能够在各种复杂环境下实现更高效的能源调配与管理。

此外，随着全球对低碳经济的追求，移动储能电源装置将成为能源转型过程中不可或缺的组成部分，在构建更加灵活、可靠和可持续的能源电力系统中发挥越来越重要的作用。

4.2.2.7 分布式储能装置

分布式储能装置（distributed energy storage system，DESS）是指在电力系统中分布在各个用户或电力网络节点的储能装置，分散式台区储能装置如图4-22所示。它能够将电能存储并在需要时提供电力，是现代电力系统中不可或缺的组成部分，尤其在优化能源管理、平衡供需、提升电网稳定性及推动可再生能源利用等方面发挥着重要作用。以下是关于分布式储能装置的详细介绍。

分布式储能装置通常指分布在电力系统中的小型、独立或半独立的储能单元，其主要功能是为用户、微电网或电网提供灵活的电力支持。这些装置通常由储能设备、电池管理系统、逆变器和控制系统等组件构成。分布式储能装置的优势在于其能够高效地应对电力供需的波动，并可与可再生能源系统（如太阳能、风能等）结合使用，从而促进电力的自给自足与绿色转型。

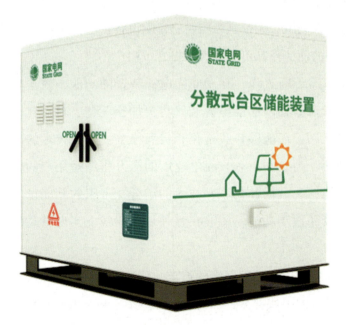

图4-22　分散式台区储能装置

1. 主要组成部分

（1）储能单元（电池）。储能单元是分布式储能装置的核心部分，通常采用锂电池、钠硫电池、铅酸电池或钛酸锂电池等不同类型的电池。不同类型的电池具有不同的性能特点，如能量密度、充放电速率、循环寿命等，因此根据实际应用场景选择合适的储能技术至关重要。随着锂电池技术的进步，分布式储能装置的能量密度和充电速度都得到了显著提升。

（2）变流器。变流器用于将储存的直流电转化为交流电，以满足家庭、企业或电网的用电需求。逆变器通常具有智能控制功能，能够根据电力负荷需求自动调节输出功率，确保电能转换的高效性。高效能变流器不仅能提升整体系统的运行效率，还能够实现电网的并网运行和离网运行。

（3）BMS。BMS 是储能系统中的关键部分，负责实时监控电池的状态，包括电池的电压、温度、充放电过程等。BMS 能够确保电池在安全的工作范围内运行，避免过充、过放、短路等现象，从而延长电池的使用寿命，并保障系统的安全运行。

（4）EMS。EMS 是分布式储能装置的"大脑"，负责调节和优化储能设备的充放电过程。通过实时监控和数据分析，EMS 能够根据电力需求、储能状态、电价波动等因素自动调节储能装置的工作策略，以实现电力的最优配置。EMS 还能够与电力市场进行互动，在电价较低时进行充电，在电价较高时进行放电，从而提高经济效益。

（5）控制系统与通信模块。控制系统负责调节储能装置的各项参数，确保其高效、稳定地运行。随着物联网技术的发展，现代分布式储能装置通常配备了通信模块，能够实现远程监控和操作，使得设备能够在不同环境下自动适应和调节。此外，控制系统还支持与其他智能设备或微电网的互联互通，确保整个能源网络的协调运行。

2. 应用场景

（1）家庭与商业用户的电力优化。对于家庭和商业用户而言，分布式储能装置可以有效降低电费，尤其是在电价波动较大的地区。当电网电价较低时，用户可以利用储能系统储存电能，而在电价较高时，通过放电供电，避免高峰时段电力需求的额外费用。此外，分布式储能装置能够支持家庭或商业设施在停电时提供备用电力，增强用户的电力保障。

（2）微电网与离网系统。分布式储能装置在微电网和离网系统中具有重要作用。微电网是由多个本地电力资源（如太阳能、风能等）和储能设备组成的小型电网，能够自主调节电力供应。分布式储能装置能够平衡微电网中可再生能源的波动性，保障系统的电力稳定性。在偏远地区或无人区，分布式储能装置可与本地可再生能源结合，提供独立于传统电网的电力供应，降低能源供应的外部依赖。

（3）电网辅助服务与负荷调节。分布式储能装置在电网中发挥着灵活负荷调节的作用，能够有效应对电力需求高峰和低谷。通过实时调整储能装置的充放电过程，分布式储能装置可以在电网负荷较高时提供电力支持，缓解电网压力；在负荷较低时储存多余电能，避免浪费。该功能特别适用于支持高比例可再生能源的电网，提升电网的稳定性和可靠性。

（4）可再生能源集成。在大规模可再生能源系统中，分布式储能装置能够有效平衡太阳能、风能等波动性资源的供电不稳定性。当可再生能源发电超过需求时，储能装置将多余电力储存起来；当可再生能源发电不足时，储能装置能够及时释放储存的电能，保障系统的稳定运行。

（5）电动汽车（electric vehicle，EV）充电与电池交换。分布式储能装置还可与电动汽车充电基础设施结合，提供充电支持。在电动车的高峰充电时段，储能系统可以提供额外的电力，避免对电网的过大压力。此外，分布式储能装置还可与电池交换站结合，通过储能装置管理电池的充放电过程，提高电池利用率。

随着技术的不断进步，分布式储能装置将朝着智能化、集成化和高效化方向发展。未来，分布式储能装置将更加与智能电网、微电网及可再生能源系统高度集成，能够实现更加精确和高效的电力调度与管理。同时，电池技术的进步将进一步提升储能系统的能量密度、充放电效率及安全性，从而推动其在更多领域的应用。分布式储能装置作为电力系统中灵活、可靠的重要组成部分，随着市场需求的增加和政策支持的强化，必将在未来能源转型中扮演越来越重要的角色。

4.2.2.8　功率型储能

功率型储能（如超级电容、飞轮）具有功率密度高、循环寿命长等优点，非常适合短时高频次的大功率充放电场景，能够为城市能源互联网的电源侧、电网侧、负荷侧提供秒级到分钟级的有功、无功功率支撑，在城市能源互联网中有着良好的应用前景。

在城市能源互联网的电源侧，功率型储能能够应用在火力发电厂、燃气发电站、新能源场站等场景。在火电厂和燃气发电站中，功率型储能可有效改善火电及燃气机组的灵活性和调频性能，延缓机组寿命，有效提高电厂的综合效益；在风电、光伏等新能源场站侧，功率型储能能够有效平抑新能源发电的功率波动，实现新能源场站的惯量补充，提升新能源并网的友好性，并能够为新能源场站的频率和电压提供临时的紧急支撑。

在城市能源互联网的电网侧，功率型储能能够应用在电网的变电站侧，改善线路的供电电能质量，为电网提供短时频率和电压支撑，有助于保障电网的安全稳定运行。

在城市能源互联网的负荷侧，功率型储能能够应用在半导体等高精尖制造业的高质量供电保障、轨道交通及港口桥吊的能量回收等场景。对于半导体等高精尖制造行业，其生产对于供电的要求非常高，功率型储能可为这类负荷用户提供高质量的电能，并提供短时的紧急供电支撑，保障用户负荷的高可靠及高质量供电。在城市轨道交通领域，功率型储能能够在地铁或高铁进站制动时储存车辆馈入供电网络的能量，并能够在车辆启动时迅速放电，进而推动城市轨道交通的节能降本增效；类似的，在港口的吊桥下方过程中，桥吊电机馈出能量，基于功率型储能可以将这部分能量存储起来，并在桥吊提升集装箱时释放能量，进而实现港口桥吊工作过程中的能量回收利用。

4.2.2.9　高速公路链式组网设备

高速公路链式组网设备是一种用于构建高速公路能源互联网基础设施的智能设备，旨在通过高速公路沿线的能源和通信网络实现数据共享、能量传输和调度控制，如图4-23所示。该设备采用链式拓扑结构，以高速公路为平台，连接沿线多个设备节点，提供稳定、高效的电力供应和实时数据传输，支持智能电网、交通管理和新能源利用等多种功能。

图4-23　高速公路链式组网设备

这些设备不仅能支持电动车充电、应急电力供应和智能电网调节，还能与道路照明、交通信号系统和监控设备等基础设施进行集成，实现道路设施的全面智能化。

1. 主要组成部分

（1）电力传输与储能系统。高速公路链式组网设备通常配备先进的电力传输与储能系统，用于为高速公路沿线的电动汽车充电、供应交通设施电力及平衡电网负荷。电池储能系统（如锂电池、钠硫电池）可以在电网负荷较低时储存能量，在负荷高峰期释放电力，稳定电力供应。在电动汽车充电设施方面，设备可以通过智能化调度系统调节充电功率，优化充电时间，避免电网过载。同时，设备还支持快速充电技术，以提高充电效率和便利性。

（2）通信与数据传输模块。高速公路链式组网设备配备高速通信模块，确保沿线设备的实时数据传输与远程控制。这些设备通常采用 5G、LTE、Wi-Fi 或专用通信协议来传输电力数据、交通流量信息、车辆充电状态、设备健康状态等。这些数据不仅可以为交通管理中心提供实时信息，也能够优化电力调度和能源管理。设备集成的通信模块支持边缘计算，能够在本地进行实时数据处理和决策，减少对中央服务器的依赖，提高系统反应速度与可靠性。

（3）智能化调度与控制系统。高速公路链式组网设备的核心控制系统集成了 EMS 与智能交通控制系统，能够根据实时电力需求和交通流量进行动态调整。通过智能化调度，设备能够在不同时段、不同需求下调整电力供应和充电策略，以提高能源利用效率。设备能够通过先进的算法，预测交通高峰期或电网负荷高峰，提前启动备用电源或调度储能系统，从而避免系统过载，保障电力的平稳供应。

（4）电力与通信接口与适配器。设备通常配备多种电力和通信接口，支持与不同类型的车辆、充电桩及交通设施的连接。这些接口包括直流快充接口、交流充电接口、光纤或无线通信接口等，以确保系统的广泛兼容性和灵活部署。

（5）环境与安全监测模块。为了确保设备在不同环境条件下稳定运行，设备还配有环境监测模块，能够实时监控温度、湿度、震动等环境因素，并对设备状态进行诊断。当设备出现故障或环境条件不适合运行时，系统会自动发出警报，并采取相应的保护措施，如自动断电、系统降负荷等。

147

2. 应用场景

（1）电动汽车充电网络。高速公路链式组网设备的一个重要应用场景是为高速公路沿线的电动汽车提供充电支持。随着电动汽车的普及，传统的充电桩设施已逐渐无法满足高频率、高流量的充电需求。链式组网设备通过智能调度和动态控制，优化充电过程，确保车辆能够在高峰时段得到充电，同时避免电网过载。

（2）智能电力调节。高速公路链式组网设备的电力传输与储能系统支持电网调节功能，尤其在电网负荷波动时，通过储能设备进行电力储存和释放，保障电网稳定运行。在电网需求低谷时，设备能够储存多余的电力；在电网需求高峰时，设备释放储能电力，为电网提供辅助服务。

（3）交通管理与智能交通系统。高速公路链式组网设备能够与交通信号、路灯、监控设备等基础设施连接，实现智能交通系统的高效运行。设备通过实时监控交通流量、车速、路况等信息，动态调整交通信号灯、路灯亮度等，为车辆提供更顺畅的行驶体验。此外，通过与智能停车系统、车联网设施结合，能够实现更高效的车辆管理和安全监控。

随着智能交通、智能电网及新能源技术的发展，高速公路链式组网设备的功能将不断增强，设备的智能化程度、可靠性和安全性也将不断提升。未来，这类设备不仅能够支持更加复杂的电力管理和交通控制，还可能通过与人工智能、大数据、物联网等新兴技术的融合，进一步提升系统的优化能力和自适应能力。此外，随着电动汽车及绿色能源的快速发展，链式组网设备将成为推动高速公路能源互联网建设的关键基础设施之一。

4.2.2.10　车网互动装置

车网互动装置是电动汽车充电桩的重要组成部分，起到了充电桩与外部网络之间的数据桥梁作用。通过物联网（internet of things，IoT）技术，车网互动装置使充电桩能够与云平台、后台管理系统、用户设备及其他相关基础设施进行实时数据交互，提供远程控制、状态监控、电力管理、支付结算等一系列智能服务。随着电动汽车市场的快速发展，车网互动装置成为实现智能充电网络和智慧城市能源管理的重要工具。

1. 主要组成部分

（1）通信模块。通信模块是车网互动装置的核心部分，负责充电桩与外部系统之间的数据传输。常见的通信技术包括 Wi-Fi、4G/5G、蓝牙、以太网（Ethernet）、Zigbee 等。根据不同的应用需求，车网互动装置会选择不同的通信方式。4G/5G 模块：支持远程控制和数据上传，适用于充电站在远离传统网络基础设施的区域的应用场景。Wi-Fi 模块：通常用于充电站所在的商业区或住宅区，通过 Wi-Fi 连接云平台，进行数据同步。以太网接口：提供稳定的局域网连接，适合需求稳定数据传输的环境。

（2）电力管理模块。电力管理模块负责实时监控充电桩的电力使用情况，并向中央管理系统报告电量、功率、充电状态等关键信息。它通过与电力设备的交互，确保充电桩能根据电网的需求动态调整充电功率，从而避免电网负荷过大。电力管理模块还能够根据需求和时间段进行优化调度，例如在电网负荷低谷时增加充电功率，在高峰时段自动减少充电速率。

（3）计费与支付模块。计费与支付模块实现了充电过程的费用结算功能。它通过集成智能计费系统，精确计算每次充电的电量消耗，并支持多种支付方式，如扫码支付、刷卡支付、App 支付等。该模块还能与第三方支付平台对接，实现便捷的支付结算服务。

（4）监控与诊断模块。监控与诊断模块可以实时监控充电桩的工作状态，包括电压、电流、功率、充电时长等数据，确保充电设备的安全性和可靠性。该模块能够在充电过程中检测到故障并自动进行报警或通知用户，帮助运营方及时发现并处理故障。监控功能还包括远程诊断，当充电桩出现问题时，后台工作人员可以通过车网互动装置远程分析设备故障原因并提供解决方案。

（5）数据存储与云平台接入。数据存储模块将充电过程中的所有数据进行本地存储，并定期上传至云平台进行备份和分析。通过与云平台的连接，运营商可以实时获取多个充电桩的使用状态、功率情况、收入数据等，进行全面的性能分析与优化。同时，用户也可以通过云平台查看自己的充电记录、费用结算和充电历史。

（6）用户接口与交互系统。车网互动装置通常还包含一个用户接口系统，如显示屏、触摸按钮、语音提示、App 连接等功能。这些接口使得用户能够便捷地查看充电状态、进行设备操作（如启动或停止充电）并选择支付方式。

2. 应用功能

（1）远程监控与管理。车网互动装置通过物联网技术实现充电桩的远程监控。运营商可以实时查看充电桩的使用情况、设备健康状态、电力消耗等数据，帮助运营者更高效地管理充电网络。远程监控可以大幅提升运营效率，及时发现设备故障并进行处理。

（2）智能调度与电网优化。车网互动装置可以通过与电网的交互，实现智能充电调度。在高需求时段，车网互动装置能够智能分配充电桩的电力负荷，避免电网过载，同时也能在电网负荷较低时，增加充电功率，提升充电效率。这种智能调度可以有效地平衡电网负荷，并减少电力浪费。

（3）实时数据传输与故障预警。车网互动装置能够实时传输充电桩的状态数据，并向云平台发送故障预警。当充电桩发生故障时，系统能够自动诊断问题并报警，运营方可以根据数据远程处理，减少现场维护的时间，提高充电桩的可用性。

（4）智能计费与支付。通过集成智能计费模块，车网互动装置能够对每次充电过程进行精确计费，并支持多种支付方式，方便用户进行支付。车网互动装置还支持根据时段、电价差异等因素进行智能定价，为用户和运营商提供更加灵活的收费方案。

（5）高效的数据管理与大数据分析。通过云平台接入，车网互动装置能够将所有充电数据进行收集和分析，帮助运营商了解充电桩的使用趋势、用户需求、电力消耗等重要信息。通过大数据分析，运营商能够优化充电桩布局，制订更精确的运维策略，提高充电设施的利用率。

（6）用户体验提升。通过车网互动装置，用户可以更加方便地使用充电桩，包括远程启动充电、查看实时充电状态、查看账单等功能。此外，车网互动装置的支付功能使得用户能够方便快捷地完成支付，提升整体使用体验。

随着 5G、人工智能、大数据等技术的发展，车网互动装置将在通信速率、数据处理能力、智能调度等方面持续优化。未来，车网互动装置将更加智能化，车网互动装置将在电网调节、故障预测、优化运营等方面发挥更加重要的作用，为智能交通、智慧城市和绿色出行提供强大支持。

4.2.2.11　终端可信安全模组

为了升级电力终端至 5G 通信技术，存在两种主要方案：①采用"重型"终端策略，通过开发一种新的电力终端，这种终端内置硬加密和 5G 通信功能，这一策略虽然直接，但涉及的研发成本较高，周期较长，并且 5G 通信的加密功能与终端的其他功能紧密结合，缺乏灵活性，只适用于新建或更换终端的情况；②涉及将外置的通用 5G 模块连接到电力终端，并通过加密软件或硬件加密工具来实现加密通信，这种方法虽然更为复杂，并且由于增加了额外的外接设备或步骤，可能会减少通信的效率和安全性。

为了克服这些问题，开发了一种专门针对电力终端的 5G 硬加密通信模块（简称 5G 加密模块，以区别于常规的 5G 商用模块）。该模块将传统的 5G 商用模块与安全加密芯片合并在一起，实现集成设计，统一进行数据加密和身份验证的管理。单个模块就能完成 5G 通信、数据加密和身份验证任务，并通过电路面积和能耗的优化，实现了模块的轻量化。这种模块采用可插拔的接口（如 USB、M.2 等）与电力终端连接，仅需通过软件驱动的更新，终端即可迅速获得 5G 通信和加密认证的能力，既保障了电网的安全防护需求，又充分利用了 5G 技术的低延迟、高带宽和广泛连接性的优点。

5G 轻量化加密模块主要包括 5G 通信模块、安全加密芯片、主控单元和供电单元等部分。在整合设计上，5G 通信模块通过 M.2 接口与主板连接，这样用户可以便捷地挑选适合的 5G 商用模块进行替换，提供了对不同 5G 商用模块的兼容性，满足了电力系统在 5G 环境下对网络可靠性的需求，同时也提供了升级和更换 5G 通信模块的灵活性，用户可以手动更换升级，有效减少了未来通信模块升级的成本。

此外，模块集成了一个高性能的 MCU 处理器，支持 USB2.0/USB3.0 通信，负责实现安全加密芯片的读写操作和协议转换。当使用的加密芯片基于串行外设接口（SPI）时，MCU 的主要作用是将 USB 接口的指令转换为 SPI 指令。若加密芯片接口发生变更，MCU 也能相应调整。当 5G 模块和 MCU 均需使用 USB 接口时，通过 USB HUB 芯片可扩展 USB2.0/USB3.0 接口，以满足二者的接口需求。该模块具备以下几个优点：

（1）针对电力终端在 5G 公网环境下既需要 5G 通信也需数据加密的需求，实现了 5G 模块与安全加密芯片的轻量化整合。通过一个高性能 MCU 处理器，统一管理网络数据传输、数据加解密及模块供电，通过 M.2 接口实现 5G 模块与安全加密芯片的电路整合，标准化模组设计，打造专为电力系统设计的 5G 加密模块。

（2）针对提升现有电力终端至 5G 能力时遇到的硬件改造挑战，设计了灵活的模块接口。模块能以可插拔的形式（如 USB、M.2 等）连接至电力终端，或者直接内嵌使用，避免了硬件改造的需要。同时，通过优化模块的电路设计和能耗控制，满足在不同业务场景下的体积和能耗要求，显著降低了 5G 通信硬件升级的成本。

（3）针对 5G 模块、安全加密芯片与电力终端操作系统之间软件适配性问题，开发了通用的 5G 模块驱动、加密芯片驱动和接口驱动软件模块，并进行了统一封装。这样对操作系统隐藏了模块硬件的差异，使得电力终端仅通过软件更新就能快速获得 5G 通信和加密认证功能。

电力终端可信安全模组通过轻量化 5G 加密模块，将 5G 通信和数据加密功能集成到一个模块内，支持城市能源互联网中电力终端的安全通信与信息保护，满足高带宽和低延迟的需求。该模块灵活的接口设计和标准化方案，有效降低了电力终端升级至 5G 的改造成本，提升了系统的安全性和可扩展性，为城市能源互联网的安全可靠运行提供了坚实保障。

4.3　城市能源互联网装备发展探讨

随着城市能源互联网建设的不断推进，核心装备的技术创新与升级逐渐成为提升系统整体效能的关键。城市能源互联网的构建不仅依赖于信息通信技术、智能化系统和分布式能源的融合，更需要一系列高效、智能、安全、可持续的装备来支撑其运作。这些装备的设计与发展，不仅要求满足当前的功能需求，还需要应对未来能源需求日益增长、能源转型及气候变化带来的多重挑战。

本节将重点探讨城市能源互联网装备发展的关键技术方向，分析其未来的技术发展趋势，剖析在装备演进过程中可能面临的技术瓶颈与挑战。通过对这些问题的深入研究，期望为未来城市能源互联网装备的创新和提升提供理论支持和实践指导，推动装备产业向更高效、更智能、更绿色的方向发展，从而促进整个城市能源互联网系统的优化与可持续发展。

▶ 4.3.1　技术创新与装备升级的关键方向

随着全球能源转型和智能化技术的快速发展，城市能源互联网装备的技术创新和升级变得尤为重要。为了应对日益复杂的能源系统和需求，相关装备的发展呈现出以下几个关键方向。

（1）数字化、智能化技术在装备发展中的应用提升。数字化和智能化是城市能源互联网装备升级的核心动力。通过大数据、云计算、IoT和人工智能（AI）等技术的应用，装备的智能化水平得到了显著提升，主要体现在以下几个方面：①智能化能源管理。基于实时数据采集与传输，结合先进的算法和优化模型，能够动态调整能源系统的运行方式，实现供需的精确匹配和优化配置。例如，虚拟电厂平台能够对分布式能源资源进行实时调度，通过数据分析优化能量流动，提高能源利用率。②智能监控与故障诊断。通过传感器和智能终端对装备运行状态进行实时监测，借助机器学习和数据分析技术，能够提前识别设备异常，进行精准的故障诊断和预警。这为设备维护提供了依据，减少了故障停机时间，提升了系统的可靠性。③自适应控制。采用自适应控制算法，可以根据系统状态和外部环境的变化实时调整设备的运行参数，从而优化能源流动路径和调节方案。例如，智能变压器和分布式储能系统可以根据负荷波动自动调整功率输出，确保电力供应的平稳与高效。

（2）先进材料与制造技术推动装备性能提升。在能源互联网装备的设计和制造中，先进材料的应用起着至关重要的作用。新型高性能材料不仅提升了设备的效率，还大大改善了设备的稳定性和使用寿命。具体表现在以下几个方面：①高导电性材料。例如，超导材料的应用能够显著降低输电过程中的能量损耗，尤其是在柔性直流互联等设备中具有潜在优势。随着超导材料的成熟，未来可能在长距离输电和大规模储能领域得到广泛应用。②智能复合材料。采用具有自修复能力的复合材料，可以提升装备在恶劣环境中的适应性，延长设备的使用寿命，减少维护成本。这类材料在电力终端设备、智能断路器等领域的应用，能够在极端天气条件下保持设备的稳定运行。③微型化与集成化技术。随着微型化和集成化技术的发展，未来的能源装备将趋向于更加紧凑和高效的设计。例如，虚拟电厂聚合终端将具备更小的体积和更强的功能集成能力，能够集成更多的监测和控制功能，提高设备的灵活性和适应性。

（3）高效能储能技术的应用。储能技术是推动城市能源互联网装备升级的关键因素之一，尤其是在实现可再生能源大规模接入、优化负荷管理和提升能源可靠性方面，储能技术起到了重要作用。当前，几种先进的储能技术正在不断推进，主要包括：①锂电池储能技术。锂电池因其高能量密度、长循环寿命和较高的充放电效率，已成为城市能源互联网系统中常见的储能方式。随着电池技术的不断进步，锂电池的成本逐渐降低，应用场景也逐渐扩展到家庭储能、电动汽车充电站等领域。②液流电池与固态电池。液流电池作为一种新型储能方式，因其较长的使用寿命和较低的环境影响，正在成为未来大规模储能系统的有力竞争者。同时，固态电池因其更高的安全性和能量密度，逐步成为下一代储能技术的研究热点。③压缩空气储能与抽水蓄能。这类储能技术具有较大的容量优势，适用于大规模储能应用。尤其是抽水蓄能，在电力负荷波动较大的城市能源系统中具有广泛应用前景。高效储能技术的普及和应用，推动了城市能源互联网设备的性能提升，特别是在调节和优化能源供给、保障电网稳定性方面发挥了重要作用。

（4）多能源协同优化与融合。城市能源互联网需要融合电力、热力、气体等多种能源形态，实现能源的互联互通与协同优化。为了有效利用各种能源资源，当前正在推动以下几方面的技术发展：①多能源系统建模与优化算法。基于物理模型与数据驱动的优化方法，能够在考虑电力、热力、气体等多种能源流动的基础上，实现跨能源系统的协同调度。例如，在综合能源智慧管控系统中，可以通过优化算法自动协调电、气、热等资源的分配，以实现最佳的能源使用效率。②能量管理与智能调度。通过高效的能量管理系统，能够根据实时需求和供应情况对不同能源流进行智能调度。综合能源舱和城市能源平台的结合，使得电力、热力、天然气等系统之间的信息流和能源流能够相互传递与调度，实现系统的最优运行。通过这些技术的应用，城市能源互联网可以更好地实现不同能源形态的协同利用与优化管理，提升能源系统的整体效率和灵活性。

技术创新与装备升级是推动城市能源互联网发展的核心动力。在数字化、智能化技术的推动下，装备的性能和功能得到不断提升，未来的城市能源互联网将更加高效、智能、安全和可持续。随着储能技术的进步、多能源协同优化技术的发展及新型材料的应用，城市能源互联网的核心装备将实现更加高效、可靠、绿色的能源管理和调度，在全球能源转型中做出重要贡献。

▶ 4.3.2 城市能源互联网装备的未来发展趋势

随着全球能源结构的转型和智能技术的不断进步，城市能源互联网装备正在经历从传统电力设备向更加智能化、多元化和绿色低碳的方向演化。以下是城市能源互联网装备的未来发展趋势，涵盖了从设备技术、系统整合到产业生态的多个层面。

（1）软硬件协同发展的趋势。未来的城市能源互联网装备将更加注重软硬件的协同发展，尤其是虚拟电厂和智慧管控系统的融合。虚拟电厂作为分布式能源的集成与调度平台，其作用将进一步凸显。未来的虚拟电厂不仅将涵盖传统的分布式发电、储能设备，还将集成更加丰富的能效管理设备和需求响应系统。它将成为一个多能源、多参与主体协同工作的平台，通过实时调度和优化管理，将不同类型的能源资源整合成一个灵活且响应迅速的系统，参与到电力市场、需求侧管理和能源调度中。

智慧管控系统的核心是通过大数据、云计算、人工智能等技术，提升设备与系统的智能化水平，实现全局优化与局部控制的平衡。未来的智慧管控系统将不仅仅管理电力系统，还将拓展到热力、气体等多种能源系统的联动管理，形成一个多元化能源平台。通过数据共享和实时监控，提升能源供应的效率与安全性，确保各类设备的运行状态能够随时被感知与调整。软硬件的深度融合，意味着不仅硬件设备的能力将不断提升，控制和管理软件的智能化水平也将持续增强。未来的设备将具备更强的自适应和自主优化能力，从而在城市能源互联网中发挥更加重要的作用。

（2）装备小型化、集成化与模块化。随着设备对灵活性、便捷性及多场景适应性的需求增加，未来的城市能源互联网装备将进一步朝着小型化、集成化和模块化的方向发展。随着材料技术和制造工艺的进步，未来的设备将更加紧凑，以适应城市中有限的空间要求。例如，配电网中的变电站和电力终端设备将不再是传统的庞大设施，而是采用小型化的设备进行部署，能够更灵活地集成到现有城市基础设施中，同时降低占地面积和运输成本。

未来的装备将越来越趋向于集成化设计，将多个功能模块集合成一个整体，提高系统的集成度和操作简便性。例如，综合能源舱作为一种多功能模块化设备，未来将融合能源生产、存储、调度与控制等多个功能，成为一体化解决方案。而模块化的设计将使得设备的维护和更新更加灵活，不仅降低了设备运行的复杂性，还提高了系统的可扩展性。

设备的跨领域融合将成为趋势，例如智能电网与物联网技术的结合，推动了电力设备在家居、商业和工业环境中的广泛应用，带来更加高效、灵活的能源管理能力。通过无线通信、传感器与智能控制设备的融合，使得能源的传输、存储与使用更加智能化。

（3）高度自动化与智能化。随着人工智能和机器学习等技术的快速发展，城市能源互联网的装备将进一步朝向自动化和智能化的方向演进。未来的装备不仅能够自动执行日常操作，还能够进行深度学习和自我优化。未来的能源设备将在机器学习与优化算法的支持下，自动识别并调整系统的运行参数，以实现系统最优配置。这些设备能够根据实时需求、环境变化及历史数据，动态调整运行模式。例如，智能变压器能够根据负荷波动自动调节电压，分布式储能系统能够在用电高峰期智能放电，在低谷期自动充电，从而优化电力的使用效率。

　　基于人工智能技术，未来的城市能源互联网装备将能够通过大数据分析预测设备的运行状态，提前进行故障检测和维护。智能终端设备通过实时监控系统，能够自动报告设备状态，并在必要时通过远程控制功能进行调整或修复，显著降低了人力成本并提高了设备运行的可靠性。部分能源装备将逐步实现无人化运行，例如，在远程、偏远或特殊环境下，设备能够自主进行管理、诊断和维护，极大降低了人为干预的需求，并提升系统的稳定性和灵活性。随着自动化技术的不断提升，未来的设备能够自动进行负荷平衡、电力调度及其他复杂的管理任务。

　　（4）新型低碳与绿色装备的发展。在推动城市能源互联网绿色低碳转型的过程中，新能源装备的开发与应用将成为重点。未来装备的研发将更加注重环保、节能和可持续性，具体表现为以下几个方面：①低碳排放技术。未来的城市能源互联网装备将广泛应用低碳技术，如碳捕捉、CCUS。这些技术能够减少装备在运行过程中的碳排放，推动能源产业实现碳中和目标。特别是在燃气发电、热电联产等设备中，低碳技术的应用将成为标准。②零排放设备。随着电动交通工具与分布式能源的兴起，装备将越来越多地采用零排放技术。例如，车网互动装置、移动储能电源等将支持电动汽车与电力网络之间的双向互动，不仅实现了能源的无缝连接，还助力减少汽车排放、提升城市空气质量。③可再生能源集成。城市能源互联网将更加注重可再生能源的集成与利用，如太阳能、风能等绿色能源将在设备中得到更广泛的应用。例如，分布式光伏智能断路器能够优化光伏电站的接入方式，减少对电网的冲击，并推动清洁能源的高效利用。

　　未来的城市能源互联网装备将向着更加智能化、自动化、绿色低碳的方向发展。随着软硬件的深度融合、设备小型化与集成化的发展，以及低碳绿色技术的不断进步，装备的功能和效率将得到极大的提升。技术创新将为能源的智能管理和多能源协同优化提供强大的支撑，推动城市能源互联网向着更高效、更可靠、更可持续的目标迈进。

▶ 4.3.3　装备发展中存在的技术瓶颈与挑战

尽管城市能源互联网装备正朝着更加智能、高效、低碳的方向发展，但在实际应用中，依然面临诸多技术瓶颈与挑战。这些问题不仅涉及技术本身的突破，还包括系统集成、标准化、经济性、政策支持等多个层面的困难。以下是当前装备发展中遇到的主要技术瓶颈与挑战：

（1）复杂系统集成。随着城市能源互联网的发展，设备和技术种类愈加丰富，涉及电力、热力、气体等多种能源形态。如何实现这些不同能源系统之间的有效集成，成为城市能源互联网装备面临的一个重要挑战。电力系统、热力系统和天然气系统之间在通信协议、调度算法、控制策略等方面存在较大差异。要实现多种能源系统的无缝集成，需要标准化的接口和统一的协议规范，这不仅增加了设备间的兼容性难度，也加大了系统集成的复杂性。

如何有效地对电、气、热等能源流进行智能调度，确保系统高效运行且不发生冲突，依赖于精确的建模与优化算法。这要求开发更为复杂和高效的多能源协同优化算法，并且能在动态负荷和多变环境下迅速调整系统运行策略。为了实现智能化调度，能源系统中不仅需要精确的数据采集与信息流通，还需具备及时、准确的控制决策能力。如何实现信息流与控制流的有效融合，以及在复杂系统中快速响应，依然是当前技术的瓶颈。

（2）高效能源管理与优化。在城市能源互联网中，能源管理和优化算法是确保系统高效运行的核心。然而，随着设备和能源类型的多样化及系统规模的不断扩大，现有的能源管理和优化方法面临多方面的挑战：①大规模系统的优化计算。城市能源互联网涉及的范围广泛、数据量庞大。随着分布式能源、储能设备、负荷需求等因素的增多，现有的优化计算方法难以在合理的时间内得出最优解。因此，如何开发高效、快速的优化算法，特别是针对大规模、多约束系统的优化算法，是未来发展的关键。②实时调度与预测的准确性。能源互联网的运营需要对能源供需进行实时调度，以应对不断变化的负荷需求和可再生能源的波动性。这需要高精度的负荷预测和实时数据采集，同时要避免过度依赖单一数据源或预测模型，从而提高系统在不确定性环境中的适应能力。③跨领域优化的难度。能源系统不仅涉及电力的调度，还要包括热力、气体等多种能源形态的协同优化。如何将这些能源形式的特点与市场机制结合起来进行整体优化，是当前算法设计中的一大难题。

（3）极端工况下的可靠性与安全性。随着设备规模的不断扩大及其在复杂环境中的应用，城市能源互联网的装备将面临更多极端工况下的可靠性与安全性挑战。例如，在面对自然灾害（如台风、地震等）或人为攻击（如网络攻击、设备故障等）时，系统的稳定性和安全性将受到严峻考验。在极端天气或自然灾害中，现有的电力设备可能会面临过载、短路、震动等问题。如何提高设备的耐久性，使其在特殊环境下能够保持稳定运行，是城市能源互联网装备发展的一个技术瓶颈。

城市能源互联网在遭遇突发故障或大规模停运时，如何在最短的时间内实现自恢复或故障转移，是提升系统可靠性的一个重要课题。尽管当前已经出现了部分具有自愈功能的智能电网设备，但其在实际应用中的有效性与经济性仍有待验证。随着信息技术的深度融合，城市能源互联网的装备也面临着越来越严重的网络安全问题。系统的数据传输、控制决策和设备管理高度依赖信息网络，一旦遭遇网络攻击或数据泄露，可能对能源供应系统造成严重影响。如何提升装备的网络安全性，防范各类网络攻击和数据篡改，是当前装备发展中的关键问题。

（4）成本控制与经济性。尽管新技术的不断进步使得城市能源互联网装备的功能不断提升，但其高昂的投资成本和复杂的维护需求仍然是大规模推广应用的主要障碍：①初期投资高昂。许多先进装备，如虚拟电厂平台、柔性低压直流互联装备等，仍处于技术研发或小规模应用阶段，设备制造成本较高。这导致了其在广泛部署和商业化应用中的经济性问题。②运维成本的挑战。即使在设备制造成本逐步降低的情况下，装备的运营和维护成本依然不容忽视。如何在保持高效能和高可靠性的前提下，降低设备的运维成本，尤其是在规模化应用中，是一个亟待解决的难题。

　　尽管城市能源互联网装备在技术创新、智能化和绿色转型等方面展现出巨大的发展潜力，但仍面临着复杂的技术瓶颈与挑战。这些问题涵盖了多能源系统的集成与调度、高效能源管理与优化算法的设计、设备的可靠性与安全性保障、市场化与政策支持等多个方面，要解决这些瓶颈，需要在技术研发、政策制定和市场激励等方面进一步创新和完善。

参考文献

［1］ Kakran S, Chanana S. Smart operations of smart grids integrated with distributed generation：A review［J］. Renewable and Sustainable Energy Reviews，2018，81：524-535.

［2］ 李立新，周宇昊，郑文广. 能源转型背景下分布式能源技术发展前景［J］. 发电技术，2020，41（6）：571.

［3］ ŞAHIN M E, BLAABJERG F, SANGWONGWANICH A. A comprehensive review on super capacitor applications and developments［J］. Energies，2022，15（3）：674.

［4］ 赵恩盛，韩杨，周思宇，等. 微电网惯量与阻尼模拟技术综述及展望［J］. 中国电机工程学报，2022，42（4）：1413-1428.

［5］ JOUHARA H, KHORDEHGAH N, ALMAHMOUD S, et al. Waste heat recovery technologies and applications［J］. Thermal Science and Engineering Progress，2018，6：268-289.

［6］ 何明锋，叶徐静，鲍伟宏，等. 基于电力能源路由器的源网荷储协调应用研究［J］. 电气技术与经济，2024，（05）：213-215.

［7］ UL-HAQ A, BUCCELLA C, CECATI C, et al. Smart charging infrastructure for electric vehicles［C］//2013 international conference on clean electrical power（ICCEP）. IEEE，2013：163-169.

［8］ ALI M, PRAKASH K, HOSSAIN M A, et al. Intelligent energy management：Evolving developments, current challenges, and research directions for sustainable future［J］. Journal of Cleaner Production，2021，314：127904.

［9］ KEIRSTEAD J, SHAH N. Urban energy systems［M］. Routledge，2013.

［10］ 范帅，危怡涵，何光宇，等. 面向新型电力系统的需求响应机制探讨

　　　　〔J〕. 电力系统自动化，2022，46（7）：1-12.

〔11〕KEIRSTEAD J，JENNINGS M，SIVAKUMAR A. A review of urban energy system models：Approaches，challenges and opportunities〔J〕. Renewable and Sustainable Energy Reviews，2012，16（6）：3847-3866.

〔12〕HUSSAIN T，MIN ULLAH F U，MUHAMMAD K，et al. Smart and intelligent energy monitoring systems：a comprehensive literature survey and future research guidelines〔J〕. International Journal of Energy Research，2021，45（3）：3590-3614.

〔13〕宣文博，李慧，刘忠义，等. 一种基于虚拟电厂技术的城市可再生能源消纳能力提升方法〔J〕. 发电技术，2021，42（3）：289.

〔14〕MANFREN M，CAPUTO P，COSTA G. Paradigm shift in urban energy systems through distributed generation：Methods and models〔J〕. Applied energy，2011，88（4）：1032-1048.

〔15〕ZHOU K，FU C，YANG S. Big data driven smart energy management：From big data to big insights〔J〕. Renewable and sustainable energy reviews，2016，56：215-225.

〔16〕孔垂跃，陈羽，赵乾名. 基于 MQTT 协议的配电物联网云边通信映射研究〔J〕. 电力系统保护与控制，2021，49（8）：168-176.

〔17〕蒋冠前，吴红艳，王帅卿，等. 柔性直流输电换流阀阀塔电场分布与结构设计研究〔J〕. 电力系统保护与控制，2022，50（17）：178-187.

〔18〕李建林，张则栋，李雅欣，等. 碳中和目标下移动式储能系统关键技术〔J〕. 储能科学与技术，2022，11（5）：1523.

〔19〕李嘉媚，艾芊，殷爽睿. 虚拟电厂参与调峰调频服务的市场机制与国外经验借鉴〔J〕. 中国电机工程学报，2022，42（1）：37-56.

〔20〕黎静华，骆怡辰，杨舒惠，等. 可再生能源电力不确定性预测方法综述〔J〕. 高电压技术，2021，47（4）：1144-1157.

第**5**章

城市能源互联网的
综合解决方案

5.1   城市能源互联网的系统组成

▶ 5.1.1   城市能源的基本架构

城市能源互联网系统总体框架可以分为三个主要层面与若干关键功能模块。

（1）平台层。城市级综合调控与信息服务平台。在最上层是城市能源综合调控中心，这不仅包括传统的能源调度功能，还叠加了云计算、大数据、物联网及区块链等先进信息技术手段。通过信息交互网络与控制系统（综合协调服务系统），实现对下层各类能源设备、储能装置、分布式能源、用能终端及能量路由器的实时监测、数据采集与分析，从而实现全局优化调度、运行模式诊断、预测与决策支撑及市场交易管理。

同时，该层还通过数据与信息的互联互通，为各类市场主体（发电商、用户、服务商、储能运营商等）提供信息支撑和决策辅助，进一步实现能源的交易与市场化运营。例如，基于云平台与工业互联网的整合，该层可以优化能源流动、形成动态电价策略、实施柔性负荷管理，并与城市综合交通调度系统联动。

（2）中间层。多能源耦合与能量路由控制层。在中间层，核心元件是能源路由器及相关的耦合装置和能量转换系统。此处的能源路由器可以理解为一种先进的电—气—热（冷）耦合与调配装置，它通过智能功率电子变换单元、热量交换与储能模块、燃气电联供（热电联供）及电制氢等多种能量转换技术，将电力、天然气、热（冷）能等有机整合。

该层的耦合系统包括了分布式可再生能源（风电、光伏、生物质能发电等）、传统发电（化石燃料电厂）、天然气系统、储能与电热转化装置，以及与之相配套的主动配电网、局部能源综合枢纽和电气化交通系统（如电动汽车、充电桩及电动汽车向电网送电技术）。通过能源路由器和分布式协调控制技术，对各类能源进行调配，保证电、气、热（冷）在空间与时间上的优化传输与利用，实现多能源系统的灵活性与鲁棒性提升。

（3）底层。多元能源供应与接入层。在底层为各种不同类型的能源生产与供应形式，包括化石燃料发电、风电、光伏及生物质发电等多元清洁能源；还有天然气、储能电池、热泵、冷热联供及电转气（power to gas，P2G）等新兴技术手段。该层同时对接城市的终端用能需求侧，包括各类工商业、居民用户和交通出行系统。通过与平台层的调控中心及中间层的协调装置协同运作，实现对负荷侧需求的响应管理（需求侧响应）、可再生能源的高比例消纳及整体能源系统的安全高效运行。

城市能源互联网是利用先进的量测体系、自动化装置、互联网系统及新型管理模式，将各种多样化的能源进行纵向贯通和横向融合，形成一个能量互联互补和信息互联互通的区域能源平台。城市能源互联网的多能源典型结构如图5-1所示。

在图5-1中，各种形式的能源通过供冷系统、热力系统、电力系统、燃料系统和交通系统汇集在一起，构成了城市能源的基本架构，其中不同的系统表征了不同种类的能量汇集特性，具体的分析如下：

（1）电力系统。连接各种发电机组及电能转化装置，以实现电能的传输、汇集、分配和消费，并通过各种转化装置实现电能和其他种类能源的转换。

（2）热力系统。由热力管网组成，与冷热电联供机组、光热机组、锅炉及储热装置相连接，以实现对热能的统一汇集与调配。

（3）供冷系统。供冷系统由供冷管网组成，与电—冷转化设备、地源热泵、冷热电联供设备和储冷装置相连接，满足用户对供冷的需求。

（4）燃料系统。包含石油、天然气等燃料的供应管网，是城市能源互联网的重要组成部分，通过燃油汽车和燃气汽车与交通系统进行互联，并分别通过燃气机组、燃气锅炉与电力系统、热力系统进行互联。

（5）交通系统。由各种交通形式混合组成的系统，通过电动汽车和电气化轨道交通与电力系统互联，通过燃油汽车和燃气汽车与燃料系统进行互联。

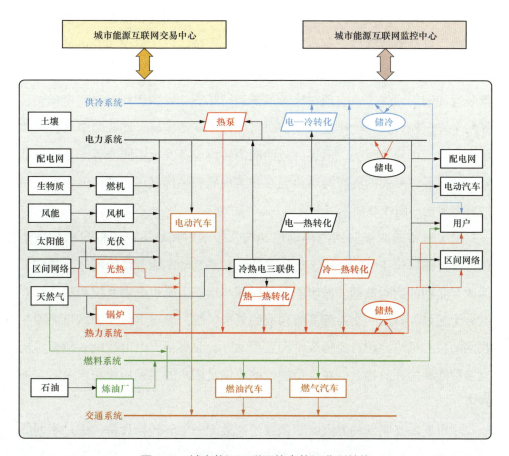

图 5-1　城市能源互联网的多能源典型结构

▶ 5.1.2　城市能源互联网的典型架构

从能量流的角度，城市能源互联网是通过多种能量转化装置实现能量流在区域内的双向或多向流通；从信息流的角度，城市能源互联网中各种能源的运行信息实时共享，通过信息流和数据流分析、优化能量流在区域内的分布，满足多样化的用能需求；从价值流的角度，在城市能源互联网中，基于价格机制的影响，参与能源交易的各个角色主动地去进行交易，获得最优的经济效益、社会效益和环保效益。

与此相对应，城市能源互联网系统按照决策、调度和传输三个不同的逻辑层级，可分为价格层、信息层和传输层。在价格层，根据能源市场化交易行为，决定了能源按价格规律的供需流向。在信息层，通过传感器、信息采集装置和通信网络等，实现对能源系统运行状态、设备运行工况、市场交易等的全局监控，并为优化控制提供决策支撑。在传输层，能源网络具有开放接入、灵活可控等特征，通过高效的能源转换设备实现不同能源子系统的耦合互联，各种形式的能源通过协同互补实现能源最优利用。城市能源互联网的典型架构如图 5-2 所示。

（1）城市能源互联网的传输层架构。传输层是城市能源输送的物理途径，在传输层构建结构坚强、运行灵活、共享互动的能源供给网络，是城市能源互联网的物质基础。城市能源互联网在形态上是以电力系统为核心，并结合天然气、石油、交通等系统构成的复杂系统。城市电网作为城市能源互联网的核心枢纽，相对比传统电网要更加开放和灵活，电网在电源侧要实现对多种能源的开放接入，在负荷侧电网要满足用户的多种用能需求及其互补转换。

城市能源互联网的发展必须依赖于高效率的能源转换设备，通过不同能源形式间的高效转化，真正发挥多能互补的优势。电、气、热等不同能源子系统间可以通过一些能源转换设备实现耦合互联，如电网和电气化交通网通过充电桩连接、热电联产机组可以联通热网和电网、电网和天然气网通过燃气机组和电转气技术（power to gas，P2G）实现互联等；各个能源子系统间物理层面的互联互通，是城市能源互联网实现"多源—多网—多荷—多储"协调互动的基础，而要真正提升能源综合利用效率、实现能源转型，高效率

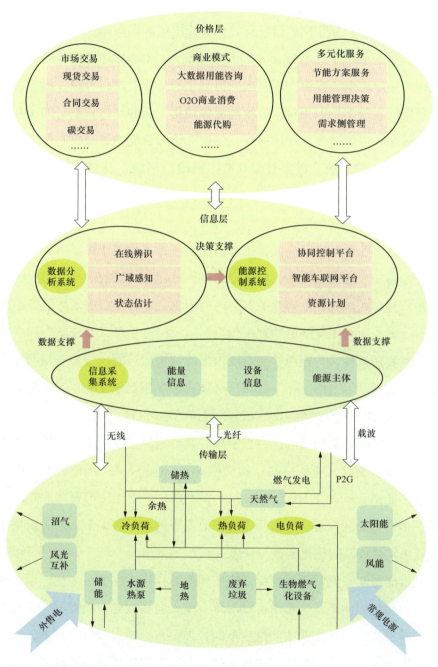

图 5-2　城市能源互联网的典型架构

的能源转换设备将起到核心支撑作用。

（2）城市能源互联网的信息层架构。传统电网在向城市能源互联网升级过程中，其开放共享、状态感知和灵活控制的特性均需要依靠数字化实现。因此在传输层之上，需要在现有电网自动化的基础上进行升级，构建城市能源互联网信息层架构。相对于传统电网自动化，新的架构需要更加实时快速的信息传递、更加开放的通信协议、更加准确和智能的逻辑控制程序及更加安全的信息防护系统。需要升级现有电网通信网络、升级传感终端的功能并增加传感器的数量，构建一张可以实时反映当前电网运行状态的数字化电网。

依靠城市能源互联网内的采集和传输装置，采集基于同步时标，包括能量信息（电压、电流、气压、温度等）、设备信息、各能源主体信息（储能、充电站、分布式电源、电网等）等在内的信息，具备全状态观测能源系统运行状态、设备运行工况等的物理量信息，最大限度上降低系统状态和参数的不可观性和随机性，为能源控制系统内多能源协同控制、智能车联网和资源计划等平台提供决策支撑，从而引导传输层的能量流动和价格层的资金流动，实现城市能源互联网高效、安全和经济的运行目标。

（3）城市能源互联网的价格层架构。城市能源互联网的价格层面包含市场交易（现货交易、合同交易、碳交易等）、商业模式（用能咨询、O2O 商业消费、能源代购等）、多元化服务（节能方案、用能决策管理、需求侧管理等）多个方面的内容，其本质是在开放竞争的市场环境下，通过价格、市场机制来实现资源的优化配置与管理。

城市能源互联网的设计目标是要实现能源利用效率的最大化，调节资源分布不均衡，促使能源转换由传统的单一模式向多元化方向发展，实现多元化负荷需求在时间维度和空间维度上的合理分布。要实现这一目标，除了在传输层实现高效的能源转换与协调运行，在信息层实现网络、设备、能源主体等的状态实时监控，还需要在价格层建立合适的市场体系与价格机制，引导能源主体运营商、代理商与用户等积极有序地参与能源的生产、传输、转化、消费等各个环节。

当前正是国家大力推动电力市场改革，促进公平公正的电力市场交易发展的有利时机，在电力市场构建实时的价格层架构，通过价格机制引导用电负荷实时地在不同时空均衡分布，例如根据电网设备的运行状况，通过电动汽车充电价格的差异引导电动汽车用户到负载率低的电网设备下的充电桩充电，提高网络使用效率。

此外，能源互联网实现能源清洁替代的目标，也需要构筑一个能使供需双方直接互动的价格层架构。例如眼下对于光伏、风电等新能源的上网补贴政策及光伏、风电等新能源出力间歇的特性，使得新能源供应商、电网和用户均没有针对清洁能源利用进行创新的迫切动力。而在实现新能源、电网和负荷等实时监控并数字化及储能设备大规模利用的基础上，通过电力交易平台，可以使得供需双方根据新能源出力和报价情况实时交易，提高新能源的消纳利用率。

5.2　城市能源互联网的典型发展模式

城市能源互联网是能源互联网在城市区域的运行模式，城市能源需求种类多、需求量集中、供应主体和模式多样，各级子系统之间存在多重耦合关系。因此，城市能源供应中，多能综合优化互补运行可增强系统的灵活性、可扩展性。

▶ 5.2.1　城市能源互联网多能互补的典型场景

（1）设备级——冷热电联供系统。冷热电联供系统作为一种分布式能源利用形式，是一种能源节约型、环保型和可同时增加电力供应的新型能源利用模式。冷热电联供系统是一种建立在能量梯级利用基础上的综合产能、用能分布式系统。系统的主要设备由发电机组、吸收式制冷机组及余热利用机组等主要机组构成。系统安装于用户端附近，首先利用天然气能源驱动发动机发电，再通过各种余热利用设备（吸收式制冷机、余热锅炉等）对余热进行回收利用，从而同时向用户提供电力、制冷、采暖等。

由经济性原则可知，冷热电三联供系统以热定电，燃机满发时最为经济。根据不同区域用户冷热负荷不同，系统的运行模式不同，针对一般居民用户，系统在一年之中有冷热负荷的冬夏季运行；针对有常年热负荷的用户，系统全年运行。

采用冷热电联供系统上网运行的运行方式，即发电机组与公共电网并列运行，可向公共电网输送电能。应用场合冷负荷通过燃气内燃机余热驱动吸收式制冷机得到，应用场合热负荷通过回收燃气内燃机余热获得；联供系统本身（吸收式制冷机、换热器等）耗电来自内燃机发电，剩余电量上网为应用场合其他电负荷供电。

冷热电三联供系统可在某些大型办公建筑中独立使用。此类建筑对电力负荷稳定性有特定需求，且存在夏季供冷或冬季供热的区域。采用冷热电联供系统时，夏季优先利用联供系统发电余热，采用溴化锂制冷系统进行供冷，供应不足的空间采用电空调供冷。冬季供暖时，优先采用联供系统的烟气余热进行供热，不足部分通过其他方式补充。发电机组烟气余热仍优先用于供冷，但是经过燃机利用后的烟气余热可以被回收用于供热。城市中商用及办公建筑面积增长迅速，具有建筑单体大、耗能多、冬季供热夏季供冷的特点。分布式冷热电三联供系统可同时实现冷热电的供应，是能源梯级利用的科学模式。同时，在减少环境污染物排放和削峰填谷方面效果显著。

综上所述，作为缓解能源危机的重要手段之一，冷热电三联供具有污染排放低、布置灵活方便、运行可靠性高及高效节能等优点，是实现冷、热、电联产终端能源供给的新技术。其作为城市能源互联网的重要组成部分，不仅可以作为单体使用，还可以并网运行，具有双向互补的特点。

（2）站点级—能源站系统。区域供能通过系统设计、运行和维护的综合协同，不仅可给社会带来巨大环保效益，还可通过集中空调冷、热水的生产和销售产生的规模效益获得经济效益。因此，随着能源和环境问题日益受到重视，区域供能的应用和研究也逐渐成为焦点。通过集中能源站将各个次级能源系统相连接，集中分配中心的冷、热源和电能到各类负荷终端。

区域能源站采用集中供冷、供热、供电系统，一般可再生能源系统（太阳能发电、生物质发电等）、热泵系统占据核心地位，搭配燃气轮机、冷热电三联供系统及蓄能装置等多个供能设备，共同组建成一个能源站。能源站可以连接电网，也可以独立工作，对比大型集中式电站，其容量和规模相对较小，能源使用效率较高。

区域能源站相对于传统集中式能源系统而言，是一类近用户端的能源利用方式，也是一类可对能源进行梯级利用的综合设施。能源站以小规模、小容量、模块化、分散式的方式布置在用户附近，可独立输出冷、热、电能，减少了对集中供能中心的依赖。各供能设备既相互独立又融合贯通，即每个设备都具有一定的独立供能能力。通过能源站的形式将各供能系统进行连通互补，若其中某个设备出现故障，可以调配能源站内的其他设备进行备用，以保证能源站整个系统的可靠运行。

北方某市某综合能源站以土壤源热泵＋冷水机组＋烟气型溴冷机组构成区域内供热供冷系统。其中，热泵机组用于冬季供暖，冷水机组用于夏季制冷。此项工程建筑共分为六座单体建筑，总建筑面积为 $299548m^2$，其中办公建筑面积为 $216646m^2$，其他建筑面积为 $82902m^2$，地下部分为设备用房及车库。

能源站内冷热源设备配置的依据是建筑设计冷热负荷并考虑同时使用系数。夏季冷源按照建筑设计冷负荷的 75% 进行配置，冬季热源配置按照建筑设计热负荷的 85% 进行配置。夏季供冷由电制冷机组、土壤源热泵机组、烟气热水型溴化锂机组及水蓄能系统提供，冬季供热由土壤源热泵机组、烟气热水型溴化锂机组及水蓄能系统提供。另外，能源站还设置了预留热力接口，以备冬季能源站内热源设备不足以承担建筑热负荷。

电制冷机组主要在夏季白天工作时间段开启，直接向用户侧提供冷水。热泵机组能够实现冬季制热、夏季制冷，运行工况又分为直供工况和蓄能工况。直供工况一般在白天，土壤源热泵机组向用户侧直接提供 6/13℃空调冷水、47/37℃的空调热水；土壤源热泵机组与能源站设置的 4 台容积为 750m³ 的蓄能水罐构成土壤源热泵复合水蓄能系统。土壤源热泵夜间开启，向蓄能罐提供 4/12℃冷水、65/50℃热水进行蓄能。白天蓄能罐经由蓄能板换向用户提供 6/13℃空调冷水、47/37℃的空调热水。系统实现了制冷、制热用电的移峰填谷及热泵机组的间歇运行。烟气余热型溴冷机组与能源站内配置的一台常载负荷为 1480kW 的燃气内燃机发电机组相连接，构成三联供系统。能源站各能源机组运行时间如图 5-3 所示。

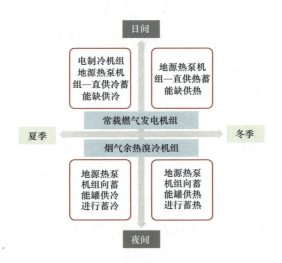

图 5-3　能源站各能源机组运行时间

能源站采用土壤源热泵与水蓄能相结合的方法作为空调的一种冷热源，可以大大提高能源利用率，降低一次能源的消耗，同时缓解了电网系统峰谷差的问题。土壤源热泵与水蓄能联合运行，不仅有土壤源热泵和水蓄能的优点，还有其系统独特的优势。土壤源热泵与水蓄能联合运行，可实现热泵机组的间歇运行，减少机组的磨损消耗，延长热泵机组的寿命。同时，可减少机组在低效工况下运行的时间。另外，政府针对用电峰谷现象制定了峰谷电价，峰谷电价凸显了蓄能空调系统节约运行费用的优点。

从对可再生能源开发利用的角度来看，能源站系统可包含光伏发电系统、地源热泵、电锅炉和冷机。光伏发电系统为地源热泵、电锅炉、冷机供电，剩余电量为应用场合其他电负荷供电。此类能源站采用地热、光伏两种可再生能源，电与热相对独立，耦合关系较弱。区域内主要由电网和光伏供电，由地源热泵供应区域内 60% 的冷负荷和热负荷，其余 40% 的冷、热负荷利用电锅炉和冷机供应。其中，电锅炉采用谷时电价蓄热，以提升经济性。

综上所述，在城市能源供应问题上采用能源站系统是值得推荐的，它既可以适应区域能源站分期开发特点，也有利于增强系统的安全性、可靠性，而且大大提高了能源的利用效率，最大限度降低了对环境的影响。

（3）微网级——多能互补智能微电网。城市范围内的多能互补集成优化模式为：面向终端用户电、热、冷、气等多种用能需求，因地制宜、统筹开发、互补利用传统能源和新能源，优化布局建设一体化集成供能基础设施，通过天然气、冷热电三联供、分布式可再生能源和智能微电网等方式，实现多能协同供应和能源综合梯级利用。多能互补智能微电网示意图如图 5-4 所示。

多能互补智能微电网的组成元素主要包括微型电源、负荷、储能元件、开关、电力电子装置及通信设备等。其中，能在微电网中获得应用的各种发电形式，如太阳能、风能、燃气轮机、燃料电池、地热能、水能、潮汐能等发电形式都可作为分布式电源。由于大部分分布式电源的输出电能频率不是工频，如光伏发电、燃料电池等微源输出直流电，故此类分布式电源需使用电力电子接口连接至微电网。由于电力电子器件的使用造成微电网缺乏惯性，加之可再生能源的间歇性，使得储能装置成为微电网不可缺少的组成部

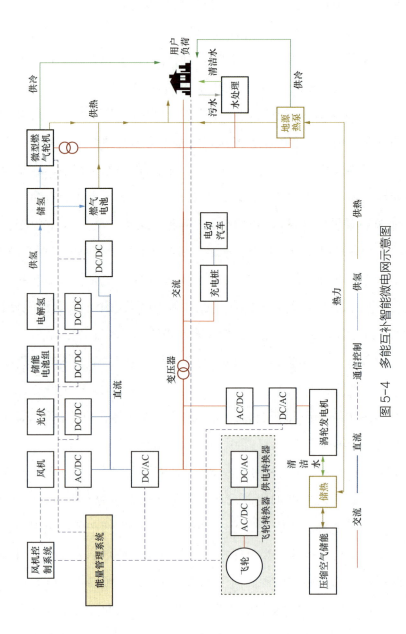

图5-4 多能互补智能微电网示意图

分。多能互补相关技术包括区域集中能源技术（如区域供冷供热系统、区域冷热电联供系统等）和分布式能源技术（如分体式空气源热泵等）。

多能互补智能微电网运行模式是对区域集中能源系统和分散式能源系统进行权衡配置，将目标区域中可利用的能源如电网来电、气网燃气、太阳能、风能和生物质能等可再生能源优化整合，将目标区域中分散的小型、微型的分布式能源（包括楼宇冷热电联产、燃料电池、燃用生物质能的锅炉、太阳能光伏发电，以及小型风力发电等）所生产的电和热（冷），通过连接各建筑的电力网络和热力网络实现电力和热力的互联互通、互相补偿，从根本上建立能源的低碳应用方式。微网级多能互补示意图如图 5-5 所示。

多能互补系统可协同考虑传统能源和可再生能源，由于区域中各个建筑的负荷高峰不会同时出现，就可充分利用同时使用系数从而大大削减设备容量，合理设计规划并进行优化整合配置，就可以起到很好的节能减排效果。

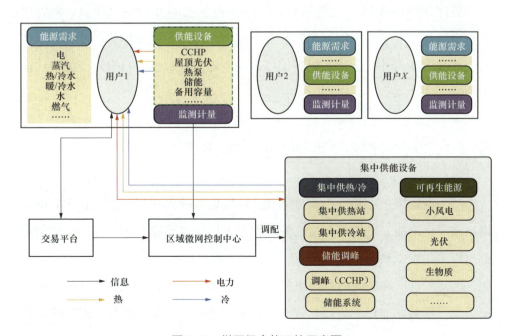

图 5-5　微网级多能互补示意图

以某科技产业园区为例，对微电网级多能互补系统进行案例分析。此园区内用户的能源需求包括电力、热力（冷）、蒸汽、水、燃气等多种能源，传统的供能方式为各能源系统通过独立管网分别对用户进行能源供应。该园区多能互补系统供能方式是将园区内的全部能源系统作为一个整体，综合考虑全部能源的输入、生产、传递、转化、消耗、排放和输出等过程，通过微电网控制中心对各类能源进行集中调配，并在交易平台完成能源买卖。园区内能源供给侧为集中供热（冷）系统、可再生能源（小风电、光伏、生物质等）和传统能源结合的综合功能系统，在微电网内还将通过调峰和储能系统来实现能源保障功能。

该园区内的多能互补系统具有三个功能：①通过储能调峰，保障微电网系统内能源平衡，尽可能消纳更多的可再生能源与清洁能源；②监测用户能源情况；积累用户用能数据，预测用户负荷；③通过负荷预测、实时技经分析，实现系统实时最优运行。

多能互补集成优化应用包含分布式可再生能源互补发电项目，例如风能—水能互补发电和风能—太阳能互补发电。可再生能源的多能互补发电在一个系统内互为补充，从而提高了可再生能源的可靠性，具有广泛的推广应用价值。

▶ 5.2.2 各层级多能源网络融合特性分析

（1）设备级—冷热电三联供系统。传统的能源系统通过燃料在中心电厂燃烧来产生电能，电能再经过高压电网及低压电网输送至用户端。传统的中心电厂平均发电效率为40%，而在电力输配过程中，又有7%~8%的能量损耗。因此，电厂和电网的总效率只有33%左右。同时，为满足需求侧冷热负荷需求，还需要通过燃烧燃料或直接利用电能提供冷量和热量。而冷热电联供系统直接在需求侧内部或附近发电，可以大大减少电力在输配电过程中的传输损失，并且利用发电产生的余热来满足冷热需求，这部分热能在传统的能源系统中被浪费掉了。冷热电联供系统不仅提高了低品位热能的利用率，更重要的是提高了系统能源综合利用率，将能源利用率从普通热电效率的40%提高到70%~90%。

（2）站点级—能源站系统。以地源热泵为中心的能源站系统具有高效、清洁的用能特点。地源热泵属经济有效的节能技术，地源热泵的性能系数（coefficient of performance，COP）值一般可达到4以上，即消耗1kWh的能量，用户可得到4kWh以上的热量或冷量。地源热泵环境效益显著。其装置的运行没有任何污染，可以建造在居民区内，没有燃烧，没有排烟，也没有废弃物，不需要堆放燃料废物的场地，且不用远距离输送热量。此外，以可再生为主的能源站可利用太阳能资源进行供电，太阳能资源具有充分的清洁性、绝对的安全性、相对的广泛性、确实的长寿命和免维护性、资源的充足性及潜在的经济性等优点，在长期的能源战略中具有重要地位。

（3）微网级—多能互补系统。多能互补系统将天然气冷热电系统、光伏发电系统、风能发电系统、储能系统、节能系统等能源系统结合为一体，可为用户提供多种能源服务。此类系统可用于满足石化、冶金等高耗能行业，以及工业园区、公共、商业和民用建筑的采暖、制冷、电力、蒸汽、热水和除湿等多种能源的联供需求。多能互补系统与智能电网相结合，促进电力和化石燃料削峰填谷的同时，实现冷、热、气、电的多重保障供应，提高供能可靠性。分布式多能源互补系统与大规模集中供能系统的有机结合，是未来能源系统的发展方向。

基于上述分析，各层级多能源网络的融合特性总结归纳如表5-1所示。

表 5-1　各层级能源融合特性表

级别	组成	一次能源	终端能源	调控运行	适用范围
设备级	燃气发电机组、吸收式制冷机组、余热利用机组	燃气、水源	电力、热力（冷）	一般居民用户；有冷热负荷的冬夏季运行；常年热负荷的用户系统全年运行	建筑楼宇
站点级	发电机组（光伏、生物质、燃气）、地源热泵、制冷机组、电锅炉等	太阳能、生物质、土壤源、燃气、水源、空气源	电力、热力（冷）	各类机组按季节分时段间歇运行	一般商业住宅园区
微网级	微型电源、负荷、电力网络、热力网络、储能系统、电力电子装置、通信设备等	太阳能、风能、生物质能、水源、燃气（燃料电池）	电力、热力（冷）	分布式能源系统通过电力微电网和热力网络实现热力与电力的互联互通、互相补偿	工业园区、公共商业和民用建筑

5.3　城市能源互联网的工程实践

　　能源互联网为各种能源提供了交互共享的大平台，通过深度融合互联网与能源技术构建城市能源互联网，能够提升终端能源利用效率，推动城市能源的合理配置，为未来城市发展提供绿色方案。

▶ 5.3.1　浙江嘉兴城市能源互联网综合试点示范

　　2019 年 8 月，全国首个城市级能源互联网示范项目——浙江嘉兴城市能源互联网综合试点示范项目，在浙江嘉兴海宁市建成。该示范项目于 2017 年

3 月经国网浙江省电力有限公司（简称国网浙江电力）和嘉兴海宁市人民政府联合申报，成功入选国家能源局首批"互联网 +"智慧能源项目。该示范项目实现可再生能源的 100% 接入与消纳，实现清洁能源、高效电网、低碳建筑、智慧用能、绿色交通的广泛开放互联，实现电网侧与消费侧的绿色共享。

该示范项目的建设任务分为完善基础设施和研发综合能源服务平台两大类。其中，完善基础设施包括完成主动配电网、综合能源服务站等城市能源互联网基础设施，以及电力无线专网等数据信息网络建设与布局；综合能源服务平台提供清洁能源服务、建筑能效服务、电动汽车服务、智慧用能服务和供需互动服务等五种服务。项目实现"四个整合"+"一个平台"+"五种服务"，涵盖七大重要领域。通过以"坚强智能电网"和"泛在电力物联网"为基础，以主动配电网为依托，该示范项目成功打造了智能、开放、共享、多元、综合的城市能源互联网工程样板，成为国网浙江电力率先探索建设世界一流能源互联网企业的先行实践。

该示范项目通过打造城市综合能源服务平台，打破了"信息孤岛"，实现全业务数据共享融通，集成新能源规划、建设、运营等一站式清洁能源服务，全环节"互联网 +"建筑节能服务，"一次都不跑"的智慧用能服务，车—桩—网交互的绿色交通服务，打通了综合能源产业链，实现"能源流、信息流、业务流、价值流"的深度融合，为各类用户提供了绿色便捷服务。

通过提供能源互联网规划设计、综合能源服务管理、主动配电网、源网荷储运行控制及商业模式应用等一整套系统化解决方案，该示范项目实现了从理论研究到工程实践的转化，为全国城市能源互联网建设提供了示范意义和推广应用价值。

▶ 5.3.2　福建厦门城市能源互联网实践

（1）厦门城市能源总体概况。厦门是一座旅游型城市，其城市禀赋对能源的清洁性、集约化、安全性及经济性有着很高的要求，对建设城市能源互联网有迫切的需求。厦门目前能源供应结构中化石能源（煤炭、石油和天然气）占比约65%，环保压力大；电力在终端消费市场占比较低，仅占35%。福建省核电、水电、风电和光伏等清洁能源发电装机占比为45%，拥有1000kV榕城（福州）特高压变电站，境内特高压线路342km，电力富余且清洁能源占比高；厦门天然气全部依赖远距离输运，天然气供应相对紧张。除了电能具有完善可靠的城市整体网络外，工业用热（冷）、交通用油和燃气等的供应系统大部分是局部网络或独立分散分布，不具备互联共享能力，无法实现综合调度和协调优化。此外，环保压力带来的燃煤热电改造、电动汽车、港口岸电推广等，也为综合能源发展带来迫切需求。

（2）厦门城市能源互联网的实践经历。厦门城市能源互联网建设的目标是构建以电为转换中心，冷、热、电、交通多种用能需求综合协调、互联互通的用能网络。不断推进再电气化，构筑清洁低碳、安全高效的城市能源体系。

厦门城市能源互联网建设的有关思路得到了政府各级领导的充分肯定和大力支持，并与厦门市发展改革委等主要部门成立联合调研小组，以"创新、绿色、协调、开放、共享"为目标，在城市能源互联网统一规划、统一发展和统一控制方面开展政策研究。2018年10月，厦门发布了《厦门城市能源互联网建设白皮书》，政、企各界对能源互联网的建设思路和发展方向达成广泛共识。

在发展上，厦门电网多年来在主动配电网、配电网物理信息系统等前沿领域的技术创新为实现综合能源的协同控制打好了基础，初步完成了城市能源互联网传输层和信息层技术框架。

1）鼓浪屿城市能源互联网规划。根据新一代城市电网发展需求，研究了城市电网内多类资源协同规划方法，提出了一种考虑分布式电源、储能和电动汽车等多类柔性资源响应特性及与电网交互特性的协同规划方法，并选取厦门鼓浪屿作为新一代电网规划试点，实现了对鼓浪屿区域内分布式电源、储能设备、电动汽车充电站和电网的规划控制和有序接入。2018 年 10 月，鼓浪屿能源互联网规划编制完成并通过评审，所提多能协同规划方法已在厦门大嶝岛进行进一步试点完善。未来将以厦门大嶝岛的多能协同规划理论和实践经验为指导依据，进一步推进厦门鼓浪屿综合能源系统的发展。

2）厦门主动配电网系统试点。落地了国家 863 课题"主动配电网关键技术研究及应用"的技术成果。该课题研究了主动配电网规划及规划运行互动决策、供电质量控制、多能源协同交互控制、基于多源信息融合的主动配电网态势感知等关键技术，研制了综合配电终端单元和快速切换装置，开发了运行控制系统、规划决策系统和信息平台，并形成了主动配电网规划运行互动决策系列规范和技术体系。该课题选取厦门岛内的会展区进行了主动配电网试点，通过部署主动监测单元、快切开关、多源负荷调节系统、多能协同控制和监控系统，实现了对分布式电源发电情况的实时监测及电网潮流的灵活控制。该课题所提多能源协同交互控制和基于多源信息融合的主动配电网态势感知等关键技术为厦门进一步推进城市能源互联网建设提供了基础支撑。

3）配电网物理信息系统试点。落地了国家 863 课题"配电网物理信息系统关键技术研究及应用"的技术成果。该课题研究了多源异构配电网 CPS 综合建模、协同控制、基于 IEC 61850 标准的开放式通信和网络安全等关键技术，并形成了相关技术的行业或企业标准。所研制的多源异构配电网 CPS 综合控制系统，实现了示范应用控制对象不少于 2000 个，终端与主站之间交换时间小于 1s，该课题在厦门的同安区、翔安区进行了配电网物理信息系统试点。在示范区内，进行了 329 个站点一、二次设备改造，搭建通信网络，构建了配电网 CPS 支撑多源异构配电网运行的电力信息与控制综合系统，实现了监控终端在分布式电源侧、电网侧和储能侧、负荷侧的即插即用及有效的信息安全防护，所提的电网物理信息系统终端部署与控制策略，为下一步全面建设城市能源互联网物理信息系统提供了理论与实践基础。

厦门电网在前期建设中，已经初步实践了城市能源互联网内分布式电源、电动汽车、储能设备等多类柔性资源与电网协同规划方法。试点建设了主动配电网示范区，初步构建了能够根据供需情况灵活可控的主动配电网，初步构建传输层技术架构。通过试点建设配电网物理信息系统，建成了新型的配电网物理信息系统主站，实现了示范区电网传输层和信息层的交互实时反映，实现了电源侧、电网侧、负荷侧和储能侧的可观、可控、就地自愈及就地平衡，初步构建城市能源互联网信息层架构。在价格层，近年来厦门电动汽车发展迅速，通过对不同充电站充电价格和充电负荷的监控，可以发现价格对负荷转移具有十分重要的指导意义。但由于政策因素，价格层的构建还未能开展实践。

▶ 5.3.3 天津城市能源互联网实践探索

2015 年以来，国网天津市电力公司（简称国网天津电力）深入研究了城市各类能源供应、消费的安全性、经济性、便利性等因素，于 2016 年发布《城市能源互联网发展白皮书》，建立了城市能源互联网的基本理念、组成架构和关键技术体系，按照 2020 年、2030 年和 2050 年三个阶段，形成天津城市能源互联网建设时间表、路线图。随后，建设城市能源互联网示范工程被纳入天津市 2017 年政府工作报告。在此基础上，国网天津电力经济技术研究院组建城市能源互联网发展研究实验室，开展关键技术理论及商业运营模式研究，国网天津电力节能公司承担多项综合能源及电能替代项目研究与实践，国网天津定理城西、城东等供电公司注重落地实践，开发综合能源运行控制平台和综合服务平台。

2016 年下半年，国网天津电力城西供电公司率先开展能源互联网商业运营模式创新实践，完成了城市能源互联网综合服务平台系统建设。主平台成功接入客户 46 家，与 53 家设计、施工、制造、运维等企业建立联盟关系，并在分平台上推广复制。平台在用户能源数据采集基础上，支撑运营商、企业联盟、用能客户、政府机构四类角色在线交互，同时实现实时监控、系统分析、用户诊断、企业联盟管理、产品研发、项目管理等功能。

国网天津电力在城西供电公司实践成果基础上，以《城市能源互联网发展白皮书》为指导，运用"互联网+"理念和平台思维模式建设了综合能源服务平台。依据平台和利益相关方的逻辑关系，设计了平台的数据架构，在利益相关方物联的基础上实现了信息和用能数据的双层互联，同时保证了信息安全。

天津北辰产城融合示范区商务中心大楼是城市能源互联网建设的第一项综合能源示范工程。工程 2017 年 4 月投入运行以来，综合能源利用效率提升 19%，综合节能总量达 39.19 万 kWh，总节能费用达 34.49 万元，减少 CO_2 排放量 393.09t。该示范工程建设内容包括太阳能光伏发电系统、风力发电系统、风光储微网系统、地源热泵系统、电动汽车充电桩系统、综合能源智慧管控平台，通过架设通信网络，搭建管控平台，使多种能源互联互通、协同优化，实现多种能源的绿色、智慧、高效利用。"地源热泵 + 风光储能"的综合能源服务方式，使可再生能源占这座商务中心能源消费比例的 36%，多能优化高效利用使商务中心能源利用效率提升 20% 左右。除光伏、风电、地源热泵，未来还计划在该区域引入燃气三联供等新型供能方式，使区域综合能源结合更紧密，优化能源综合供应策略，提升能源供应效率。

应用综合能源管控平台，北辰商务中心大楼的能源应用实现了"供能 + 节能"。该示范工程中的能源互动，通过不同的控制策略综合调配能源供给，最大限度降低能耗，实现节能减排。第一种是储能系统与光伏发电系统互动，利用储能系统来平滑光伏出力。第二种是储能系统与电网互动，实现削峰填谷，利用夜间低谷电蓄能，在白天用电高峰时为商务中心供能，不仅可以转移用电高峰负荷，提高电网运行的经济性，还能通过峰谷电价差为客户节省电费支出。第三种是商务中心温度趋优控制。利用综合能源智慧管控平台实时监测大楼房间的温度变化，调节地源热泵冷热出力，实现办公环境舒适度和节能降耗的最优平衡。

在建设综合能源服务平台的基础上，2017 年，国网天津电力全面开展城市能源互联网试点示范工程建设，通过综合示范工程、专业技术创新突破和软环境建设，推动城市能源互联网落地实践，建成一批可借鉴、可推广、可复制的应用示范工程。

中新天津生态城是中国、新加坡两国政府战略性合作项目，目前已建成了完善的分布式能源发电、储能、需求侧负荷响应等基础设施，在智慧能源、智能城市等领域具备示范基础，目前成为国家首批 13 个光伏发电集中应用示范区之一、国家住建部"智慧城市试点"、国家能源局"新能源应用示范园区"、国家能源局与美国能源署的中美智能电网合作项目示范区域等。

天津中新生态城在能源侧具有规模化接入的光伏、风力发电、三联供机组等分布式电源，3 个微电网工程、地源热泵、水蓄冷、冰蓄冷等冷热电分散供能设备；在需求侧，约 1 万户安装智能电能表，建成了 1 座智能楼宇、1 个智能家居样板间和 1 个光伏样板间，形成了涵盖 1 座充电站和 115 个充电桩的电动汽车充电网络；城市综合信息接入机制完善，大数据基础初步建成，已形成具有广泛感知网络和公共服务的基础支撑平台，具备示范城市能源互联网的基础设施。

在建设内容上，整个天津中新生态城示范工程围绕能源和信息两条主线，根据建设目标和思路分为 6 个子项目，分别为兆瓦级区域微电网建设、自动需求侧响应系统、多能源综合协调控制系统、智慧家庭、电动汽车充换电服务网络建设和智慧城市综合能源数据服务平台建设。

（1）能源互联网优化配置网络建设。包括兆瓦级区域微电网建设、自动需求侧响应系统和多能源综合协调控制系统。兆瓦级区域微电网包含分布式兆瓦级微电网、分布式电源混合系统的冷热电多能源协调管理系统、适用于多种补贴机制的双向计量计费系统，搭建典型区域多微电网示范基地，能量优化管理。自动需求侧响应系统主要是为了实现最大限度服务于生态城混合能源优化配置和电力需求侧管理，其终端主要包括工业用户终端、商业用户终端、智慧家庭用户终端和冷热电能源检测和控制。多能源综合协调控制系统包括配电网运行状态辨识、配电网态势感知、多级能源协调优化控制和能源协调优化策略评估与展示，与兆瓦级微电网紧密联系，一方面可以控制兆瓦级微电网，另一方面也受兆瓦级微电网影响，自动需求侧响应为多能源综合协调控制系统提供控制依据。

（2）信息服务网络建设。包括智慧家庭、电动汽车充换电服务网络和智慧城市综合能源数据服务平台。智慧公共服务网络基于三者之间的互动，为整个城市创新服务模式，着力提升服务。智慧家庭依靠智能家庭能源中心、智能双向互动电能表、分布式电源即插即用接口装置等设备为居民提供四表抄收、智能家居等电力特色的智能家庭服务，满足用户用电与电网的互动。电动汽车充换电服务网络通过建设电动汽车充换电基础设施，合理部署充电桩，安装电动汽车智能车终端，初步形成电动汽车车联网，搭建电动汽车公共服务平台。在生态城建设基于能源大数据的智慧公共服务平台，利用云存储、云计算和数据挖掘等技术，实现对园区能源、交通、市政等相关系统的大数据处理，并深度挖掘能源互联网的各类应用与业务模式，通过 Web 网站、大屏可视化、智能眼镜、OTT（over the top）应用和云服务接口等多种渠道方式，为当地政府、企业居民和电力公司提供智慧公共服务，使之成为支撑智慧城市运营和服务、展示智能电网的重要手段和窗口。

例如，中新生态城动漫园 2 号能源站可向动漫园园区提供冷、热、电等综合能源的一体化供应，并采用多种能源梯级利用方式，最终通过多能源互补协调控制和定制化服务，使园区年均用能成本比传统供能方式降低 15%，全年可再生能源就地消纳率提升 10% 以上。中新生态城城市能源互联网综合示范工程动漫园微网项目投入运行之后，实现光伏渗透率 15%，光伏就地消纳率 100%；实现 5000 户居民客户智慧家庭能效管理，提供智能用电体验，自动需求侧响应实现削峰填谷，最大需求响应达到 1 万 kW。天津中新生态城城市能源互联网示范如图 5-6 所示。

图 5-6　天津中新生态城城市能源互联网示范

以中新生态城为依托，在工商业企业和居民客户中开展深入的现场调研，根据不同类型客户的用能品质、用能时间、用能信息服务等个性化需求，最终为生态城 200 余户工商业企业客户和 6000 多户居民客户提供定制化的能源服务方案。在生态城建成了动漫园、科技园、产业园、信息园等 4 座冷热电联供能源站，实现了综合能源接入与联合调节，并成功开发了智慧园区综合能源信息服务平台，100% 覆盖园区终端客户，支持接入 18 个以上能源及市政系统数据，并提供优化用电决策管理、能效预测预警等 12 项以上精准的能源信息综合应用服务。智慧园区智慧用能，使中新生态城实现直接经济效益 12 亿元。天津中新生态城智慧城市综合应用平台如图 5-7 所示。

图 5-7　天津中新生态城智慧城市综合应用平台

▶ 5.3.4　上海城市能源互联网建设实践

作为服务上海地方经济社会发展的能源央企，国网上海市电力公司（简称国网上海电力）积极把握这一重要契机，以上海的高质量发展要求为指导，率先谋划助力上海高质量发展的纲领和路线图，通过提升能源服务、电网供电、企业管理、本质安全、电力技术、员工队伍 6 个方面的品质，积极致力于建设与上海"卓越全球城市"相适应、具有卓越竞争力的世界一流城市能源互联网，促进地区能源供给体系效率提升，提高供电服务质量和安全保障水平，打造公共服务行业质量高地，助力上海积聚高质量发展新优势。

（1）世界一流城市电网建设。当前，上海正处于基本建成国际经济、金融、贸易、航运中心和社会主义现代化国际大都市的决胜期。上海城市的高质量建设、高定位发展，离不开安全可靠的电网支撑和充足稳定的电力供应。为此，国网上海电力大力推进电网建设和转型升级，发挥电网基础产业的先导和带动作用，对标国际最高标准、最高水平，打造以高可靠性为特征的世界一流城市电网，为上海建设卓越全球城市提供最坚强的能源保障。

国网上海电力积极推动上海电网"十四五"规划全面落地，构建坚强受电通道，形成长三角特高压双环网，构建安全可靠的 220~500kV 主网架，积极发展 110kV 链式结构公共电网，建设和完善 35kV 双侧电源辐射电网，提高 10kV 电网利用率和负荷转供能力。

通过应用大数据、人工智能等先进技术，国网上海电力着力打造智慧巡检体系，构建具有自主知识产权的装备和管理体系，加快实现配网不停电作业全覆盖。预计到 2025 年，上海市内环线以内中心城区及自贸区、前滩、后滩、虹桥商务区等重要地区供电可靠率有望达到 99.999%，综合电压合格率 99.996%，频率合格率 100%，综合线损率 5.85%，可全面比肩东京、纽约等世界一流城市电网水平。

（2）能源清洁低碳转型。党的十九大提出建设美丽中国，推进能源生产和消费革命，构建清洁低碳、安全高效能源体系的生态和能源发展战略。建成更加美丽、更可持续的生态之城是上海高质量发展的必然要求，因此，国网上海电力必须加快建设世界一流城市能源互联网，在能源转型和清洁低碳方面体现出国际示范性，从根本上提升上海的生态竞争力。

一方面，国网上海电力着力加强消费与生产的协同互动，应用前沿技术、开展管理创新，促进清洁能源的有效消纳利用，推进能源绿色转型与温室气体减排；另一方面，从需求侧领域的绿色能源体系建设出发，有序推进电能替代，拓展电能替代领域、替代方法和替代内容，扩大电能替代范围和实施规模，培育电力消费市场。

2023 年上海电网可再生能源用电量 560 亿 kWh，占上海市用电量比重为 30.3%，这一比例还将随着能源供给体系的不断优化而进一步提高。未来，国网上海电力将在能源供给侧和生产端积极促进清洁能源消纳与城市控煤减排战略有机结合，推动西北可再生能源基地与上海能源消费高地的战略对接；创新建立具有上海特色的清洁能源市场交易体系和交易模式，加大省间交易力度，扩大市外清洁能源替代市内火电的交易规模，增加清洁能源供给。

　　在能源需求侧和消费端，国网上海电力重点探索构建 "1+N" 综合能源服务业务模式，为客户提供 "一站式" 办电服务和用能方案；加强产业园区、工业企业、大型公共建筑内部等新型能源消费市场开拓，推进世博 A 片区、松江漕河泾开发区 G60 科创走廊二期、斐讯工业园区等综合能源服务项目，试点建设全电驱动示范区。截至 2024 年，上海全市电动汽车汽车总量达 164.5 万辆，电动汽车充电基础设施建设与车联网应用将得到进一步深化，"电动汽车 +" 生态圈初现雏形。

参考文献

［1］ 韩新阳，柴玉凤，张钰，等．城市能源互联网建设若干关键问题分析
［J］．电力建设，2018，39（07）：138-146.

［2］ 周敬东．城市能源互联网的技术架构及在厦门市的实践探索［J］．电力
系统保护与控制，2019，47（12）：165-176.

［3］ 黄仁乐，蒲天骄，刘克文，等．城市能源互联网功能体系及应用方案设
计［J］．电力系统自动化，2015，39（09）：26-33+40.

［4］ 洪居华，刘俊勇，向月，等．城市能源互联网初步认识与研究展望
［J］．电力自动化设备，2017，37（06）：15-25.

［5］ 蒲天骄，刘克文，陈乃仕，等．基于主动配电网的城市能源互联网体系
架构及其关键技术［J］．中国电机工程学报，2015，35（14）：3511-
3521.

［6］ 王宜政，刘井军，安灵旭，等．城市能源互联网多能互补的运行模式分
析［J］．中国电力企业管理，2018，（28）：44-48.

［7］ 刘东，曹敏，李文云，等．城市能源互联网技术进展［J］．供用电，
2018，35（11）：34-37.

［8］ 谢光龙，贾梦雨，韩新阳，等．城市能源互联网的商业模式探讨［J］．
电力建设，2018，39（02）：10-17.

［9］ 张磊．可再生能源 100% 消纳全国首个城市能源互联网在浙江建成
［J］．能源研究与利用，2019，（05）：14-15.

［10］金振文，江悦．城市能源互联网实践推动电网企业角色转型［J］．国家
电网，2017，（10）：78-79.

［11］周敬东，李树满．基于"智慧发展、精益规划"的城市能源互联网建设
途径［J］．企业管理，2017，（S2）：122-123.

第**6**章

能源互联网技术
标准体系

6.1　能源互联网技术标准需求

能源互联网通过将互联网技术与能源系统深度融合，将从根本上降低经济发展对传统化石能源的依赖、增强对可再生能源的消纳能力、提高能源资源配置效率和利用效率、促进能源产业绿色低碳转型升级、持续推动能源高质量发展，从而保障国家能源安全。作为世界能源产业发展的趋势，能源互联网具有广阔的发展前景和潜在的社会经济效益。

能源互联网的技术形态可分为能量层、信息层、碳排层、价值层四层，其中能量流、信息流、碳流和价值流相互交织、融合，形成一个紧密相连、协同运行的整体。能源互联网的多层面技术形态如图 6-1 所示。

城市能源互联网通过电、气、冷、热、氢等能源系统一体化规划与协同调度，打通不同能源形式之间灵活转换和相互支撑的通道，充分利用各类能源系统中能源终端消费需求的时空分布特性差异和互补耦合特征，实现多类型能源供应与需求的平衡和协同，达到城市能源系统移峰填谷、互动、多元协调等目的，提高能源利用效率，促进可再生等强间歇性能源消纳，实现源网荷储和发输配用的深度友好互动，可以实现从高排放到清洁型的能源转型，从片面均衡到大规模的资源配置，从单一供应到智能交互的能源服务模式变革，推动城市能源系统的可持续发展。城市能源互联网的上述相关技术均可落点在图 6-2 所示的技术体系之中。

高质高效的城市能源互联网建设是一项艰巨任务，跨专业、跨领域、跨学科，不可能一蹴而就，必须立足能源生态发展全局视野，以能源主体、能源网络、能源服务多元协同为手段，推动系统形态、技术模式、业务模式、管理模式全面发展。研究构建能源互联网技术标准体系对于技术创新和产业发展至关重要，同时也是我国能源转型发展的迫切需要。

在城市能源互联网的发展和建设过程中，标准可先行并发挥产业发展的

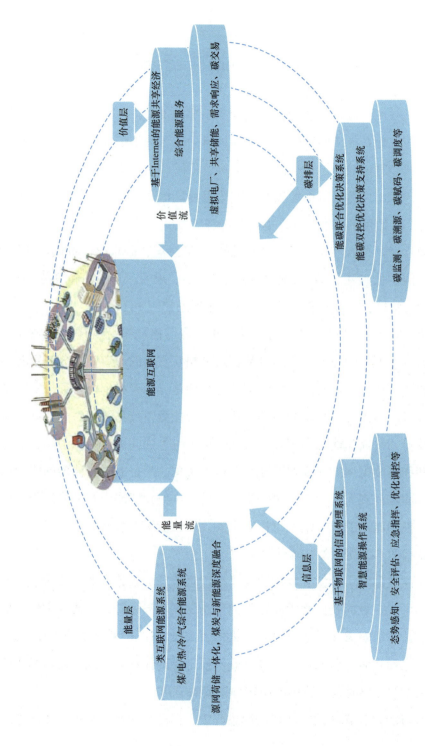

图6-1　能源互联网的多层面技术形态

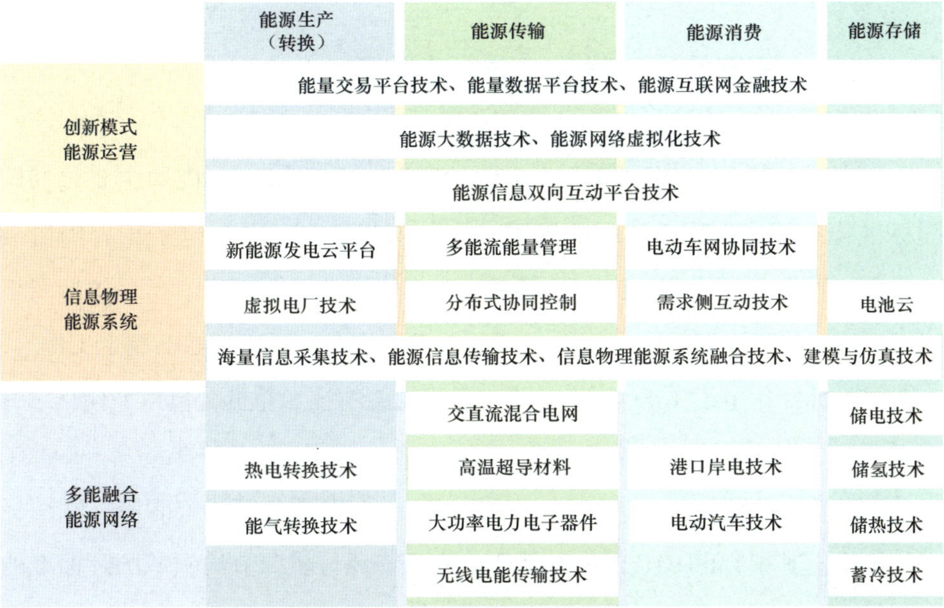

	能源生产 （转换）	能源传输	能源消费	能源存储
创新模式 能源运营	能量交易平台技术、能量数据平台技术、能源互联网金融技术			
	能源大数据技术、能源网络虚拟化技术			
	能源信息双向互动平台技术			
信息物理 能源系统	新能源发电云平台	多能流能量管理	电动车网协同技术	
	虚拟电厂技术	分布式协同控制	需求侧互动技术	电池云
	海量信息采集技术、能源信息传输技术、信息物理能源系统融合技术、建模与仿真技术			
多能融合 能源网络		交直流混合电网		储电技术
	热电转换技术	高温超导材料	港口岸电技术	储氢技术
	能气转换技术	大功率电力电子器件	电动汽车技术	储热技术
		无线电能传输技术		蓄冷技术

图 6-2　城市能源互联网的技术体系

引领作用。因此，在能源互联网技术研究和实践的基础上，本书提出了城市能源互联网标准体系架构，结合城市能源互联网建设需求和新技术的发展，提出阐述城市能源互联网标准体系的相关标准内容，并给出了标准化工作建议。

6.2　能源互联网标准化工作现状

能源互联网的标准化工作在国际上获得广泛重视，而国内的能源互联网标准化工作也正在有序开展中。一方面，亟须建立能源互联网技术标准体系，推动能源互联网技术与产业的进一步发展；另一方面，需要充分利用在智能电网建设、标准体系建设、标准化试点示范方面的优势和创新实践，积极主导或深入参与能源互联网国际标准的制定工作，保持我国能源互联网标准化工作与国际同步，优势领域处于领先地位。

▶ 6.2.1 国际能源互联网标准化工作现状

从事国际能源互联网标准化工作的国际标准化组织和机构主要包括国际标准化组织（ISO）、国际电工委员会（IEC）、美国电气电子工程师协会（IEEE）、国际电信联盟（ITU）、第三代合作伙伴计划（3GPP）等，这些组织或机构均组建了能源互联网相关领域的技术委员会，开展了标准制定工作。

国际标准化组织（ISO）与能源互联网相关的技术委员会包括 ISO/TC 301 能源管理与能源节约技术委员会、ISO/TC 180 太阳能技术委员会、ISO/TC 193 天然气技术委员会、ISO/IEC JTC1 信息技术委员会等 4 个能源互联网标准化组织。其中，ISO/TC 301 主要负责能源管理与能源节约领域国际标准的研制；ISO/TC 180 主要负责太阳能供热、制冷和工业过程加热和空调相关国际标准的制定；ISO/TC 193 主要负责天然气相关术语、质量要求、测试取样分析方法等国际标准的制定；ISO/IEC JTC1 主要负责传感网络、大数据、物联网、云计算、IT 信息安全等领域国际标准的研制。

国际电工委员会（IEC）与能源互联网相关的技术委员会包括 IEC SyC Smart Energy 智慧能源委员会，IEC/TC 8 供电系统技术委员会，IEC/TC 8/SC 8A 可再生能源并网分委会，IEC/TC 8/SC 8B 分散式电力能源系统分委会，IEC/TC 82 光伏系统标委会，IEC/TC 88 风能系统技术委员会，IEC/TC 114 海洋能（波浪能）、潮汐能和其他水流能转换设备技术委员会，IEC/TC 117 太阳能光热电厂技术委员会，IEC/TC 120 储电系统标委会，IEC/TC 57 电力系统管理和相关信息交换技术委员会，IEC/TC 77 电磁兼容技术委员会等 11 个技术委员会。

2015 年 3 月 2 日，国际标准化组织 ISO/IEC 正式发布文件，IEEE 1888 标准通过 ISO/IEC 最后一轮投票，成为全球能源互联网产业首个 ISO/IEC 国际标准。IEEE 1888 标准（或称 IEEE 1888 协议），正式名称为泛在绿色社区控制网络协议（IEEE 1888–2011–IEEE Standard for Ubiquitous Green Community

Control Network Protocol），是利用互联网技术使所有传感数据和控制数据进行自由传输与交互的应用层面的通信协议，可广泛应用于智慧能源系统，包括下一代电力管理系统，楼宇能源系统、设备设施管理系统等领域的通信，特别在工业、建筑、园区等领域的能源管理方面，具有天然的优势。

▶ 6.2.2　国内能源互联网标准化工作现状

2016 年 6 月 12 日，国家标准化管理委员会下达 12 项能源互联网国家标准制定计划，以解决能源互联网顶层设计问题。

2017 年 6 月 28 日，国家能源局发布了《关于公布首批"互联网 +"智慧能源（能源互联网）示范项目的通知》，公布了首批 55 个"互联网 +"智慧能源（能源互联网）示范项目，并对示范项目实施、监管、产业及政策支持等方面作出明确要求，为能源互联网标准体系建设搭建了基础框架。

2017 年 6 月 30 日，国家能源局下达第 1 项能源互联网行业标准制定计划，作为解决能源互联网协同运行相关问题的技术导则。

2018 年 7 月 10 日，国家能源局同期下达 5 项能源互联网行业标准制定计划，涉及规划设计、综合评价、能量交换、与分布式发电系统互动、与分布式储能系统互动等领域。

2018 年 11 月 15 日，国家标准化管理委员会下达了《开展雄安新区能源互联网标准化试点》的复函，指出围绕雄安新区建设，探索开展标准化试点示范工作，推进雄安新区能源互联网标准化示范工程建设，推动高起点规划、高标准建设雄安新区。紧密围绕能源互联网建设，以科研成果为支撑，以工程建设为引领，同步推进能源互联网标准化工作，指导雄安新区能源互联网工程建设。通过科研、工程与标准制定循环滚动，深入推进装备研发和系统运行，引领和规范相关产业发展。

2018 年 12 月 28 日，国家标准化管理委员会下达第 13 项能源互联网国家标准制定计划，以适应能源互联网规划设计的迫切需求。

2019 年 5 月 15 日，国家标准化管理委员会联合国家能源局发布了《关于加强能源互联网标准化工作的指导意见》，指出加强标准的顶层设计，构建系统、协调、兼容、开放的标准体系，有效指导能源互联网标准化工作的开展，为制定能源互联网标准规划、编制年度制修订计划奠定了基础。文件提出梳理现有标准现状，分析标准缺失，提出标准年度工作计划。统筹规划，结合中国能源互联网发展进程和能源市场建设进展，提出能源互联网标准化工作的重点及时间表。

2019 年 8 月 29 日，作为国家能源局首批"互联网 +"智慧能源项目之一，浙江省嘉兴城市能源互联网综合试点示范项目通过浙江省能源局验收。这标志着全国首个城市级能源互联网示范项目在浙江省建成。该示范项目实现了从理论研究到工程实践的转化，为全国城市能源互联网建设提供了示范意义和推广应用价值。

除国家相关部委做好顶层设计、强力推动之外，我国相关的协学会组织在能源互联网标准化工作上也发挥了非常重要的作用。中国电力企业联合会于2018 年 12 月正式成立中国电力企业联合会能源互联网标准化技术委员会（简称中电联能源互联网标委会），标委会下设虚拟电厂专项工作组、分布式能源互联系统网络安全工作组、能源信息与物理交互工作组、能源站及互联工作组。2020 年 11 月标委会完成优化改组，自此标委会委员覆盖面更广、专业程度更深、标准化水平更高，能够更好支撑我国能源互联网标准化需求。

2023 年 5 月 30 日，旨在依托试点工作推动标准化理论创新和方法实践，以高标准助力雄安新区高质量建设的雄安新区能源互联网标准化试点项目顺利通过验收。承担单位国家电网有限公司结合雄安新区建设实际安排 10 项重点任务，建成 5 个标准化创新工程，形成 5 个标准化软科学成果，取得 5 项标准化技术创新，实现 5 项标准化国际突破，打造 5 个标准验证专区。试点工作取得的显著成效之一即为标准化软科学成果"能源互联网技术标准体系研究"。该项目验收后，相关标准体系研究成果发布在中国标准化专刊。

2024 年 6 月 20 日，2024 年国家能源互联网大会在京召开。大会以"AI 赋能能源互联网，创新发展新质生产力"为主题，旨在搭建能源互联网相关企业、科研高校、创投机构等创新资源跨界交流平台，推动行业共建能源互联网开放共享、合作创新的产业生态，塑造未来能源互联网产业低碳智能发展新格局。大会发布的 2024 年《国家能源互联网发展年度报告》总结了能源互联网标准发展现状并指出：在技术创新驱动下，能源互联网不仅提升了能源利用效率，更在促进能源结构优化升级方面发挥了重要作用，推动了可再生能源的广泛应用，为全球能源供需矛盾的缓解和环境污染压力的减轻贡献了力量。

6.3　能源互联网标准体系与架构

6.3.1　能源互联网标准体系的发展

国家标准化管理委员会和国家能源局发布的《关于加强能源互联网标准化工作的指导意见》提出：2020 年完成能源互联网标准化工作路线图和标准体系框架建设，2025 年形成能够支撑能源互联网产业发展和应用需要的标准体系。能源互联网标准内容涉及能源互联网的基础标准、关键设备、管理平台、信息互联以及区域能源互联网、微能源互联网的规划、设计、验收评价等领域。

由于能源互联网是以电力为核心能源和纽带，以能源总体效率最优为目标，所以智能电网的很多标准自动成为能源互联网的核心标准。

传统互联网标准作为智能电网标准中的支撑标准将被继续使用。物联网标准、智慧能源标准及智慧城市标准中的一部分将作为能源互联网标准的补充而被引用。

当前能源互联网标准体系涵盖了基础通用、系统平台、规划设计、运行互动、核心装备、评价检测、施工检修、泛在物联、网络安全和虚拟电厂等十个大类。

203

标准体系的建立与完善可引领能源互联网系统的安全、高效和可持续发展，通过规范化的设计、运行、检测和安全防护，可实现能源互联网系统的协同高效运行。

中电联能源互联网标委会主导编制的能源互联网标准体系框架如图 6-3 所示。随着标委会归口管理的标准不断增加，标委会将持续完善能源互联网标准体系框架。

▶ 6.3.2 城市能源互联网标准体系架构

基于能源互联网标准体系及相关技术的研究成果，城市能源互联网标准体系架构应充分体现当前共享协作的互联网思想，符合当前技术发展的趋势。城市能源互联网标准体系内容如图 6-4 所示，包括总体概述、测试评价、能源域、工作域及系统域五个部分。

（1）总体概述。总体概述从宏观的角度构建城市能源互联网的概念模型，提出城市能源互联网的总体要求，给出术语及用例，介绍整个标准的范围、业务功能、需求、架构、运行环境、安全性要求等内容。总体概述部分需要根据技术发展前景，综合能源互联网的研究成果，结合国内外工程实际情况进行制定。

（2）测试评价。测试评价以城市能源互联网设备及系统检验标准为基础保障类标准，以成熟度评估、环境影响评估及总体能源利用与转换效率评估为宏观评价标准，构建完善的检测方法和评价体系，为建立涵盖全产业链的产品检测与质量认证体系提供支持和保障。

（3）能源域。能源的转换共享和互联互通是城市能源互联网的核心，能源域作为核心内容描述处在图 6-4 的中心位置。标准体系重点描述了能源转换类、能源存储类和新型能源传输类标准，需要根据当前的能源利用和转换效率制定该领域内的标准。对于各类能源的基础标准在其各个行业早已经制定

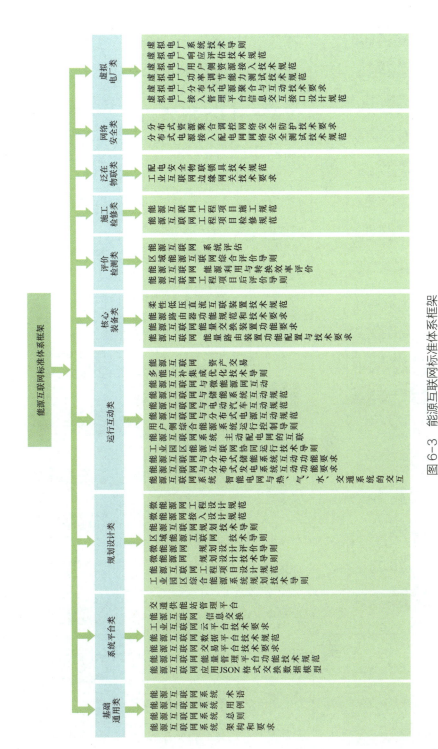

图6-3　能源互联网标准体系框架

说明：能源互联网标准体系框架中所涉标准中，除已立项、在编和发布标准外，部分标准在立项申请筹备过程中。

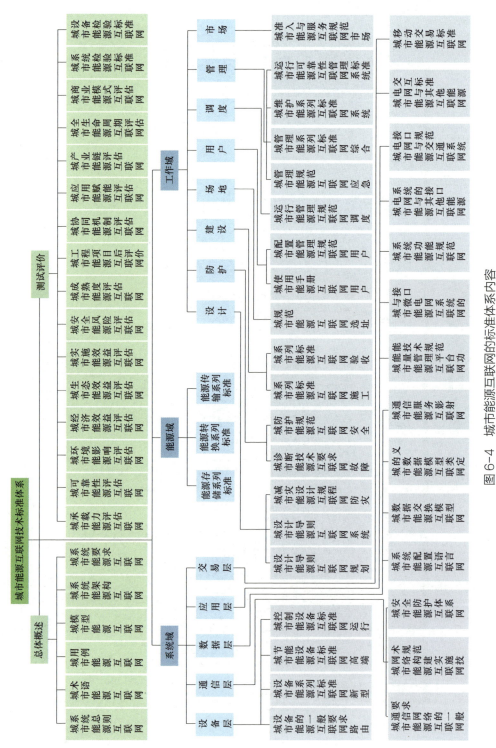

图 6-4　城市能源互联网的标准体系内容

和应用，在本标准体系中将直接引用。

（4）工作域。工作域的标准涉及城市能源互联网规划、建设、场地、用户、调度、管理以及末端市场的各个环节，提出满足能源转换、存储、传输目标与系统运行要求的工作规范和标准。

（5）系统域。系统域将在设备层对城市能源互联网的新型设备提出一般要求，通信层、数据层和应用层全面利用现有较完善的标准，如 IEC 61970、IEC 61850、IEC 61968 等，提出相关的数据交换模型，给出应用的边界条件，为设备的互联互通和互操作性奠定坚实的基础。交易层要充分分析各类能源交易的用例和特性，考虑各类能源调度的特点，制定能源交易类标准。

▶ 6.3.3 能源互联网技术标准制定情况

由于能源互联网涉及行业多，包括电力、热力、油气、交通等，内容跨度大，综合性强，需要创新标准组织形态。能源互联网的标准化工作应充分体现系统性、协调性、广泛性、专业性和开放性的特点，从系统角度出发，打破行业之间的障碍，广泛吸收相关行业的龙头企业和专业机构参与，发挥其专业特长，确保标准的一致性和协调性。在保证标准的协调性和一致性的基础上，更详细的标准化工作内容还需要进一步深入研究。

中电联能源互联网标委会归口管理的标准中，已发布能源互联网系列国家标准 13 项、行业标准 3 项。表 6-1 是已经发布和即将发布的能源互联网标准列表，其中的大部分都与城市能源互联网相关。

表 6-1　能源互联网相关国家及行业标准现状

序号	标准名称	标准类型	标准状态
1	能源路由器功能规范和技术要求（GB/T 40097—2021）	国家标准	已发布
2	能源互联网与储能系统互动规范（GB/T 41235—2022）		
3	能源互联网与分布式电源互动规范（GB/T 41236—2022）		

续表

序号	标准名称	标准类型	标准状态
4	能源互联网系统　术语（GB/Z 41237—2022）	国家标准	已发布
5	能源互联网系统　用例（GB/Z 41238—2022）		
6	能源互联网规划技术导则（GB/T 42320—2023）		
7	能源互联网系统　主动配电网的互联（GB/T 42322—2023）		
8	能源互联网交易平台技术要求（GB/T 43509—2023）		
9	能源互联网系统　架构和要求（GB/T 44636—2024）		
10	能源互联网系统　智能电网与热、气、水、交通系统的交互（GB/T 44637—2024）		
11	能源互联网与电动汽车互动规范（GB/T 44638—2024）		
12	能源互联网系统　总则（GB/Z 44642—2024）		
13	能源互联网数据平台技术规范（GB/T 44769—2024）		
14	工业园区综合能源系统规划技术导则（DL/T 2585—2022）	行业标准	已发布
15	区域能源互联网综合评价导则（DL/T 2625—2023）		
16	工业园区能源互联网协同运行技术导则（DL/T 2715—2023）		
17	能源互联网能量交换装置功能要求		已报批
18	能源互联网与分布式发电系统互动功能要求		
19	能源互联网与分布式储能系统互动功能要求		
20	柔性低压直流互联装置技术规范		

　　国家标准《能源路由器功能规范和技术要求》（GB/T 40097—2021）规定了能源路由器（能量路由器）的术语、定义、基本原则、参考结构、功能规范和技术要求等通用规范，适用于能源路由器（能量路由器）的设计、制造、建设和运行等。

　　国家标准《能源互联网与储能系统互动规范》（GB/T 41235—2022）规定了能源互联网与储能系统在能量互动、信息互动、业务互动方面应遵循的原则和应满足的技术要求，适用于能源互联网与储能系统之间的互动。

国家标准《能源互联网与分布式电源互动规范》（GB/T 41236—2022）规定了能源互联网与分布式电源互动的总体要求，明确了能源互联网与分布式电源在能量互动、信息互动、业务互动等方面的具体技术要求，适用于能源互联网与分布式电源的互动。

国家标准《能源互联网系统　术语》（GB/Z 41237—2022）界定了能源互联网系统的术语、定义和缩略语，适用于能源互联网系统的规划、设计、建设、运营及交易等。

国家标准《能源互联网系统　用例》（GB/Z 41238—2022）明确了能源互联网系统的基本用例，规定了用例的基本原则和用例的表示方法，叙述了基本用例的物理形态和交互关系，描述了用例的能量流、信息流和现金流等，并给出了参照的用例图，适用于能源互联网的建设和运营。

国家标准《能源互联网规划技术导则》（GB/T 42320—2023）规定了能源互联网规划的基本规定、能源需求与供给预测、能量平衡、能源互联网架构、能源互联网规划建设要求、多元互动、技术经济分析等相关技术要求，适用于能源互联网规划设计与建设的有关工作。

国家标准《能源互联网系统　主动配电网的互联》（GB/T 42322—2023）规定了能源互联网系统下主动配电网互联的基本规定，主动配电网的物理互联、信息互联、信息物理融合等相关技术要求，适用于能源互联网系统下主动配电网的规划设计与运行控制。

国家标准《能源互联网交易平台技术要求》（GB/T 43509—2023）规定了能源互联网交易平台的总体要求，平台体系架构、应用功能和支撑体系等要求，适用于能源互联网交易平台的开发设计与运行管理。

国家标准《能源互联网系统　架构和要求》（GB/T 44636—2024）规定了能源互联网系统的架构和基本要求，适用于能源互联网系统的规划和设计。

国家标准《能源互联网系统　智能电网与热、气、水、交通系统的交互》（GB/T 44637—2024）规定了能源互联网系统中智能电网与热、气、水、交通系统在能量交互、信息交互、业务交互等方面的相关要求，适用于园区能源互联网与区域能源互联网内智能电网与热、气、水、交通系统交互的规划、建设及运行。

国家标准《能源互联网与电动汽车互动规范》（GB/T 44638—2024）规定了能源互联网与电动汽车互动的基本规定、互动要求、能量互动、信息互动、业务互动及证实方法，适用于能源互联网与电动汽车互动的规划、建设及运行。

国家标准《能源互联网系统　总则》（GB/Z 44642—2024）提出了能源互联网系统的基本原则，规定了系统形态和其他要求，适用于电力系统与燃气、供热/冷、电气化交通等系统的互联互动。

国家标准《能源互联网数据平台技术规范》（GB/T 44769—2024）规定了能源互联网数据平台的平台架构和技术要求，描述了相应的证实方法，适用于能源互联网数据平台的设计、建设和运行。

行业标准《工业园区综合能源系统规划技术导则》（DL/T 2585—2022）规定了工业园区综合能源系统的规划依据和编制要求、能源需求与供给预测、能源能量平衡、规划建设要求、综合能源管控与服务平台、技术经济分析等相关技术要求，适用于工业园区综合能源系统规划设计与建设的有关工作。

行业标准《区域能源互联网综合评价导则》（DL/T 2625—2023）规定了区域能源互联网综合评价的基本规定、评价内容及评价方法，适用于已建设完成的区域能源互联网开展综合评价工作，处于规划、设计、建设等阶段的区域能源互联网的综合评价可参照执行。

行业标准《工业园区能源互联网协同运行技术导则》（DL/T 2715—2023）规定了工业园区能源互联网协同运行的原则、技术要求、工业园区能源互联网协同运行支撑系统的技术要求和运行评价，适用于工业园区能源互联网以电为中心的电、热（冷）、气等多种能源类型的协同运行，其他区域型能源互联网（城市、城镇、城区、住宅小区、建筑群等）的运行可参照执行。

行业标准《能源互联网能量交换装置功能要求》规定了能源互联网能量交换装置的一般要求、模块功能要求和整体功能要求，适用于能源互联网能量交换装置的设计、制造和运行。

行业标准《能源互联网与分布式发电系统互动功能要求》规定了能源互联网与分布式发电系统互动的总体要求及能量互动功能、信息互动功能、业务互动功能等方面的要求，适用于区域级、园区级规模的能源互联网与分布式发电系统的互动。

行业标准《能源互联网与分布式储能系统互动功能要求》规定了能源互联网与分布式储能系统互动的总体要求以及能量互动功能、信息互动功能、业务互动功能等方面的要求，适用于区域级、园区级规模的能源互联网与分布式储能系统的互动。

行业标准《柔性低压直流互联装置技术规范》规定了柔性低压直流互联装置的基本分类、总体要求、环境条件、外观和防护等级、功能要求、电气性能、安全性能、电磁兼容、辅助系统、试验方法、检验规则、标志、包装运输和贮存要求，适用于 380V 三相并网，具备直流端口的低压互联装置的设计、制造、试验、检测、运行等。

6.4　能源互联网标准体系的后续研究

随着标准化建设工作的日益严格化，相关研究组织、标委会平台、各行业优势力量需在充分准备相关申报材料的基础上，深入调研标准立项的必要性，同时根据行业需求积极申报相关标准，以求标准正式立项并发布实施，从而切实引导能源互联网的建设发展。

研究者后续还可通过对能源互联网现状与需求分析、标准布局及路线图设计等环节，研究能源互联网技术标准体系的前瞻内容，为能源互联网技术标准化工作指明方向。在设计能源互联网技术标准的行动计划的基础上，亟须稳步有序落实标准计划。同时，标准计划应涉及优先领域、国际化领域，通过部署标准优先行动计划，实现标准的有效供给和落地应用。行动计划将为"中国特色"能源互联网标准化工作增添亮点。基于天津、上海、雄安等城市的能源互联网示范项目形成的经验，在相关优势领域布局国际、国内标准行动计划，可为实现"国际领先"的能源互联网标准化追求目标提供坚强的支撑。

鉴于国内外能源互联网领域的快速发展，在能源互联网领域开展国际标准化合作具有重要而深远的意义。现阶段能源互联网发展仍面临诸多挑战，我国研究者仍需密切关注相关领域的国际标准化工作进展，积极对标国际标准，共同开展路线图制定和标准体系建立及完善工作，以期在助力履行"双碳"承诺的同时，推动能源互联网行业高质量发展，从而在为全球能源互联网的产业发展贡献"中国智慧"的同时，促进"中国方案"在全球的推广应用。

研究者还可在本章基础上，基于"系统性、协调性、兼容性、扩展性"原则，遵循"自上而下和自下而上相结合"的研究思路，立足中国能源电力发展需求与国家发展战略目标，在本书所述的城市能源互联网技术标准体系研究框架的基础上，进一步深化国内外相关标准的布局和制定工作，同时积极实施评价已发布标准，力争实现标准的全生命周期管理，进而切实引领和指导城市能源互联网的产业发展。

参考文献

［1］ 孙宏斌，郭庆来，薛屹洵，等 . 再论能源互联网：形态、使命与路径［J］. 中国电机工程学报，2024，44（18）：7104–7115.DOI：10.13334/j.0258–8013.pcsee.241363.

［2］ 孙宏斌 . 能源互联网——数智引领能源转型［J］. 软件和集成电路，2023（9）：58–59.

［3］ 唐炳文 . 能源互联网推动能源高质量发展［J］. 中国外资，2024，（17）：92–96.

［4］ 孙宏斌，郭庆来，卫志农 . 能源战略与能源互联网［J］. 全球能源互联网，2020，3（6）：537–538.

［5］ 康重庆，王毅，张靖，等 . 国家能源互联网发展指标体系与态势分析［J］. 电信科学，2019，35（06）：2–14.

［6］ 谢伟，李琦芬，高迪，等 . 中国能源互联网的模式探索和建设实践［J］. 上海节能，2019（01）：7–12.

［7］ 程真何 . 基于多元协同高质高效的城市能源互联网建设探索与实践［J］. 中国电业，2020（11）：40–41.

［8］ 才秀敏 . 开展综合能源服务，推动城市能源互联网建设——访国网上海综合能源服务有限公司副总经理张春雁［J］. 电器工业，2020（11）：51–55.

［9］ 马君华，张东霞，刘永东，等 .《能源互联网发展研究》(能源互联网标准)［M］. 北京：清华大学出版社，2017.

［10］庄晓勇 . 基于城市能源互联网的配电网规划优化研究［J］. 模型世界，2024（26）：51–53.DOI：10.3969/j.issn.1008–8016.2024.26.017.

［11］全国首个城市能源互联网在浙江省建成［J］. 军民两用技术与产品，

2019（09）：7.

［12］张磊. 可再生能源 100% 消纳全国首个城市能源互联网在浙江建成［J］. 能源研究与利用，2019（5）：14–15.DOI：10.3969/j.issn.1001–5523.2019.05.006.

［13］俞庆. 虚拟电厂，能源互联网的应用场景. 北极星火力发电网 https://news.bjx.com.cn/html/20240716/1389161.shtml，2024–07–16.

第**7**章

城市能源互联网发展
展望与建议

7.1　城市能源互联网发展展望

随着全球对可持续发展和环境保护的日益重视，城市能源互联网作为未来城市能源系统的核心组成部分，将在先进能源、人工智能、智慧城市等技术的推动下实现快速发展，逐步成为推动新能源发展、实现"双碳"目标的关键力量。城市能源互联网的发展不仅关乎能源结构的优化升级，更对推动智慧城市建设和促进经济社会可持续发展具有重要意义。城市能源互联网未来发展方向如图 7-1 所示。

未来，我国的新型能源体系将以能源互联网为依托，以新型电力系统为核心纽带，实现横向"多能互补"、纵向"源—网—荷—储—碳"协调，能源与信息高度融合的新体系，城市能源互联网是最典型的能源生产 - 消费革命性变革的新场景。统筹考虑技术革新、市场机制、政策导向以及社会参与等方面，展望城市能源互联网技术与应用，以确保能源互联网的发展能够有效支撑"双碳"目标的实施。

技术革新方面，未来城市能源互联网将以新型电力系统作为能源枢纽平台，通过不同能源系统的集成与优化，如电、热、气、冷等系统的紧密融合，这不仅包括物理层面的深度融合，更重要的是在信息和管理层面实现互联互通和高效协调。通过建立统一的能源管理与资源配置平台，实现跨多能源系统的数据共享、分析和决策支持，以优化整个城市的能源流动和使用效率。城市能源互联网全域能量管控平台示意图见图 7-2。

市场机制方面，保障城市能源互联网健康持续运行，需要建立更加开放和灵活的能源市场，激发市场主体活力，促进技术创新和服务创新。特别是要完善电力市场和碳交易市场，建立健全的价格机制，准确反映能源供需变化和环境成本，引导消费者和生产者作出更加节能减排的选择。

政策导向方面，合理有利的政策引导可有效指导和推动城市能源互联网

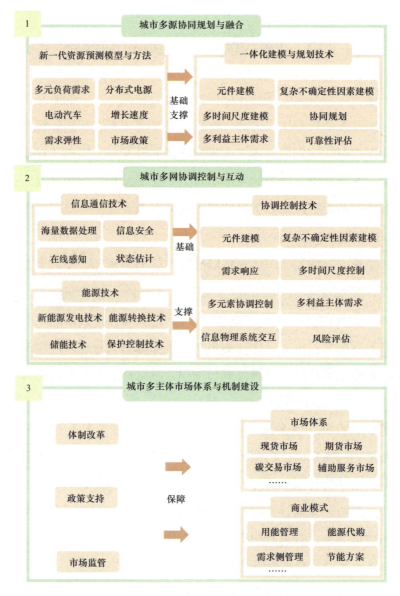

图 7-1　城市能源互联网未来发展方向

发展。政府不仅需要出台相关政策支持能源互联网的技术创新和应用推广，还需要通过政策引导资本流向清洁能源和节能减排项目，同时加强对能源互联网建设和运营的监管，确保系统的安全稳定运行。

社会参与方面，推动城市能源互联网的发展需要全社会的广泛参与。除了政府和企业之外，广大居民也是重要的参与者。提高居民的能源意识，鼓励居民参与分布式能源的生产和交易，不仅可以增加能源的供给，还可以提升城市能源互联网系统的灵活性和可靠性。

要注意到，在全球范围内应对气候变化的背景下，国际合作成为推动城市能源互联网发展的重要途径。通过加强与其他国家在能源技术、市场建设、政策法规等方面的交流与合作，可以借鉴国际先进经验，加快我国能源互联网的建设步伐。同时，国际合作还有助于推动全球能源治理体系的改革，促进全球能源安全和可持续发展。

图 7-2　城市能源互联网全域能量管控平台示意图

7.2　城市能源互联网发展建议

我国城市能源互联网的高质量发展不仅是推动城市绿色转型的重要动力，也是实现双碳目标的关键步骤，我们将从进一步提高能源互联水平、提升清洁能源占比、提升数字化水平和促进商业模式创新四个方面对城市能源互联网的发展提出建议。

（1）进一步提高能源互联水平。在未来城市能源互联网发展中，提高能源互联水平是实现高效、稳定、智能能源管理的关键。开发综合能源服务（energy-as-a-service，EaaS）平台，为用户提供一站式的能源管理解决方案。平台可以整合电力、热力、燃气等多种能源类型，实现电/煤/气/冷/热/可再生能源等各类能源综合协同管控，实现主要行业和企业的综合能源监视和分析，为能源的合理调配和使用提供决策支持。能源互联水平的提升意味着各类能源系统之间的协同和互补能力的提升，能够在更广泛的空间和时间尺度上实现能源的优化配置和利用，不仅能够减少能源浪费、提升能源利用效率，还能够增强城市应对能源需求波动和突发状况的能力，从而保障城市能源供应的可靠性和可持续性。

（2）进一步提升清洁能源占比水平。加快布局风电、光伏、氢能等清洁能源发展规划，引导风光资源有序开发利用，推动一定的价格优惠政策和税收优惠政策制定，引导新能源发电企业积极投资风电、光伏项目，降低企业成本，提高项目经济效益。合理有序拓展电网侧、电源侧、用户侧储能建设，促进源网荷储协调互动，提升新能源消纳水平，同时利用储能的快速调节和响应能力，进一步加强对现有能源生产传输、消耗、存储全环节协同管控，提高可再生能源的消纳能力，推动能源供给侧绿色转型，将能源互联网与城市基础设施结合，鼓励采用降碳节能设计和智能化系统，增强城市能源互联网灵活性调节能力。

（3）进一步提升数字化水平。数字化发展的重点是全方位提升能源互联网一次、二次以及通信各环节的数字化水平，在信息层通过城市能源系统的数字化升级，汇聚各类能源生产传输、消费的多元化能源数据，在保障数据安全的前提下，打通各行业和部门的数据壁垒，挖掘数据价值，促进数据共享，构建统一的能源数据平台，整合供给侧、用户、设备和环境等数据为人工智能技术提供高质量数据支撑，解决跨行业和部门之间数据难以整合的问题，确保城市能源互联网的高质量运行。

（4）进一步促进商业模式创新。构建多能协同的统一能源市场，出台政策对通过能源协同为能效提升做出贡献的主体给予激励，以价值为驱动激活各方主体参与到能源市场中，激发参与城市能源系统多能协同的积极性。城市能源互联网的商业模式创新，应从智能化、市场化、绿色低碳等多个角度入手，通过技术驱动、市场机制和政策支持相结合，形成多元化的盈利模式。未来的创新模式将不仅关注能源供应端的优化，还要在消费者侧激发更多的绿色能源消费潜力，通过智能调度、灵活交易、分布式资源利用等手段，推动能源系统的全面转型，倡导绿色金融模式，吸引资本进入清洁能源和低碳技术领域。通过绿色债券、绿色基金等金融工具支持能源互联网的基础设施建设和创新。

参考文献

［1］　清华大学能源互联网研究院，国家能源互联网产业及技术创新联盟．国家能源互联网发展年度报告 2024［R］．北京，2024.

［2］　孙宏斌，郭庆来，薛屹洵，等．再论能源互联网：形态、使命与路径［J］．中国电机工程学报，2024，44（18）：7104-7115.